DE ULTIEME TONIJN SALADES

Verhoog uw smaak met 100 uitzonderlijke creaties van tonijnsalades

Maya Janssen

Auteursrechtelijk materiaal ©2024

Alle rechten voorbehouden

Geen enkel deel van dit boek mag in welke vorm of op welke manier dan ook worden gebruikt of overgedragen zonder de juiste schriftelijke toestemming van de uitgever en eigenaar van het auteursrecht, met uitzondering van korte citaten die in een recensie worden gebruikt. Dit boek mag niet worden beschouwd als vervanging voor medisch, juridisch of ander professioneel advies.

INHOUDSOPGAVE

INHOUDSOPGAVE **3**
INVOERING **6**
TONIJN SALADE BITES EN BROODJES **7**
   1. Zongedroogde tomaat en tonijnsalade 8
   2. Tonijnsalade op Crackers 10
   3. Tonijnsalade Sandwiches Met Komkommer 12
   4. Avocado-tonijnsalade in mini-pitazakjes 15
   5. Tonijnsalade Sla Wraps 17
   6. Rokerige kikkererwten-tonijnsalade 19
   7. Smaakt naar tonijnsaladesandwiches 21
   8. Tonijnsaladeboten __ 23
   9. Tonijn En Olijfsalade Sandwich 25
   10. Zeeschelpensalade met tonijn 27
TONIJN SALADE KOMMEN **29**
   11. Tonijn Sushi Bowl s met Mango 30
   12. Kaisen (verse sashimi op een kom rijst) 32
   13. Tonijn Met Avocado Sushikom 34
   14. Pittige Tonijn Sushi Bowl 36
   15. Gedeconstrueerde Pittige Tonijn Sushi Bowl 38
   16. Geschroeide Tonijn Sushi Bowl s 40
   17. Pittige tonijn- en radijssushikom 43
   18. Sushikom met tonijn en watermeloen 45
AHI TONIJN SALADES **47**
   19. Ahi tonijnsalade 48
   20. Ahi Tonijn Tataki Salade Met Citroen Wasabi Dressing 50
   21. Heerlijke gelaagde tonijnsalade 52
BLAUWVIN TONIJN SALADE **54**
   22. Salade van aangebraden blauwvintonijn Niçoise 55
   23. Blauwvintonijn met olijven en koriandersaus 57
   24. Mediterrane blauwvintonijnsalade 59
TONIJNSTEAK SALADE **61**
   25. Gedeconstrueerde Nicoise-salade 62
   26. Tonijn En Witte Bonensalade 64
   27. Gegrilde Dragon Tonijnsalade 67
   28. Salade van gegrilde tonijn Nicoise 69
   29. Bladsla En Gegrilde Tonijnsalade 71
   30. Gepeperde tonijnsteaks met salade in Koreaanse stijl 73
   31. Gebakken verse tonijnsalade 75
INGEBLIKTE ALBACORE TONIJN SALADES **78**
   32. Albacore Bananen Ananas Salade 79

33. Pastasalade Albacore 81
34. Tonijn Noedelsalade 83
35. Chow Mein tonijnsalade 85
36. Mostaccioli-salade Nicoise 87
37. Ringnoedel en Spaanse peper-tonijnsalade 89
38. Klop de tonijnsalade 91
39. Macaroni Tonijnsalade 93
40. Naakte sneeuwerwtentonijnsalade 95
41. Neptunus Salade 97
42. Romige paprika- en tomatentonijnsalade 99
43. Olio Di Oliva Tonijnsalade 101
44. Tonijn Tortellini Salade 103
45. Tonijnvissalade uit Uptown 105

ANDERE INGEBLIKTE TONIJNSALADES 107

46. Zongedroogde tomaat en tonijnsalade 108
47. Italiaanse tonijnsalade 110
48. Aziatische tonijnsalade 112
49. Romeinse tonijnsalade 114
50. Tonijnsalade met weinig koolhydraten 116
51. Tonijnsalade maaltijdbereiding 118
52. Kiwi- en tonijnsalade 120
53. Antipasto tonijnsalade 122
54. Artisjok en rijpe olijventonijnsalade 124
55. Ring Macaroni Tonijnsalade 126
56. Avocadosalade Met Tonijn 128
57. Barcelona Rijst Tonijnsalade 130
58. Koude tonijnpastasalade met Bowtie Mac 132
59. Tonijnsalade met zwarte bonen 134
60. Bruine Rijst En Tonijnsalade 136
61. Kikkererwten Tonijn Salade 138
62. Gehakte Salade Met Tonijn 140
63. Klassieke Salade Nicoise met Tonijn 142
64. Couscous-kikkererwten-tonijnsalade 144
65. Salade van tonijn, ananas en mandarijnen 146
66. Verse Tonijn En Olijvensalade 148
67. Tonijn Avocado Champignon En Mango Salade 151
68. Griekse bieten- en aardappelsalade 153
69. Tonijnsalade op Griekse wijze 155
70. Macaronisalade in Hawaïaanse stijl 157
71. Gezonde broccoli-tonijnsalade 159
72. Gemengde bonen- en tonijnsalade 161
73. Italiaanse Antipasto Saladekom 163
74. Japanse Harusume-salade van tonijn 165
75. Tonijn-ansjovissalade Nicoise 167

76. Overgebleven Mac-salade voor tonijnlunch 169
77. Salade van gekookt ei en tonijn 171
78. Mediterrane tonijn antipastosalade 173
79. Mediterrane Tonijnsalade 175
80. Geladen Nicoise-salade 177
81. Appel-, cranberry- en ei-tonijnsalade 179
82. Pastasalade Met Gegrilde Tonijn En Tomaten 181
83. Pennesalade Met Drie Kruiden, Kappertjes En Tonijn 184
84. Bonen-, bruine rijst- en tonijnsalade 186
85. Aardappelsalade Met Tonijn 188
86. Ouderwetse tonijnsalade 190
87. Risotto Rijstsalade Met Artisjokken, Erwten En Tonijn 192
88. Zoete en nootachtige tonijnsalade 194
89. Tonijn Mac-salade 196
90. Pittige N-taart tonijnsalade 198
91. Italiaanse tonijnsalade met laag vetgehalte 200
92. Tonijn Spinazie Salade 202
93. Pastasalade met tonijn en paprika 204
94. Tonijn-appelsalade 206
95. Tonijn-avocado en pastasalade met 4 bonen 208
96. Tonijn Orzo Salade 210
97. Tonijntomaat En Avocadosalade 212
98. Tonijn Waldorfsalade met Appel 214
99. Tonijn En Kikkererwtensalade Met Pesto 216
100. Ziti tonijnsalade 218

CONCLUSIE 220

INVOERING

Welkom bij "DE ULTIEME TONIJN SALADES", een compilatie van 100 uitzonderlijke creaties, ontworpen om uw smaak naar een hoger niveau te tillen en de klassieke tonijnsalade opnieuw te definiëren. Dit kookboek is jouw gids om de veelzijdigheid, smaken en creativiteit te ontdekken die in dit geliefde gerecht kunnen worden verwerkt. Ga met ons mee op een culinaire reis die verder gaat dan het gewone en tonijnsalade verandert in een buitengewone en heerlijke ervaring.

Stel je een wereld voor waarin tonijnsalade een canvas wordt voor culinaire kunsten, met een breed scala aan ingrediënten, texturen en smaken tot je beschikking. "DE ULTIEME TONIJN SALADES" is niet zomaar een verzameling recepten; het is een verkenning van de mogelijkheden die ontstaan als je hoogwaardige tonijn combineert met innovatieve ingrediënten. Of je nu een liefhebber bent van tonijnsalade of iemand die dit klassieke gerecht opnieuw wil bedenken, deze recepten zijn gemaakt om creativiteit te stimuleren en je culinaire verlangens te stillen.

Van pittige mediterrane wendingen tot Aziatisch geïnspireerde lekkernijen, en van hartige bowls boordevol eiwitten tot verfrissende zomersensaties: elk recept is een ode aan de diverse manieren waarop tonijnsalade opnieuw kan worden uitgevonden. Of je nu een lichte lunch plant, een levendig diner, of gewoon op zoek bent naar een lekker tussendoortje, dit kookboek is jouw hulpmiddel om tonijnsalade naar nieuwe hoogten te tillen.

Ga met ons mee terwijl we de grenzen van tonijnsalade herdefiniëren, waarbij elke creatie een bewijs is van de eindeloze mogelijkheden en heerlijke combinaties die in uw keuken wachten. Dus verzamel je verse ingrediënten, omarm je creativiteit en laten we een culinair avontuur aangaan met 'De ultieme tonijnsalades'.

TONIJN SALADE BITES EN BROODJES

1. zongedroogde tomaat en tonijnsalade

INGREDIËNTEN:
- 2 sneetjes brood
- 1 blikje tonijn, uitgelekt
- 2 eetlepels gehakte zongedroogde tomaten
- 1 eetl mayonaise
- 1 theelepel Dijon-mosterd
- Zout en peper naar smaak

INSTRUCTIES:
a) Meng tonijn, mayonaise, Dijon-mosterd, zout en peper in een kleine kom.
b) Voeg zongedroogde tomaten toe op één sneetje brood.
c) Verdeel het tonijnmengsel over de zongedroogde tomaten.
d) Beleg met het tweede sneetje brood.

2.Tonijnsalade op Crackers

INGREDIËNTEN:
- 7 ounce blik tonijn
- 3 eetlepels Canola-olie
- ¼ kopje waterkastanjes, gehakt
- 1 1/2 eetlepel rode ui, fijngehakt
- 1/2 theelepel citroenpeper
- 1/4 theelepel gedroogde dille-wiet
- 16 Crackers
- 2 groene bladslablaadjes, gescheurd
- Verse dille, ter garnering

INSTRUCTIES:

a) Doe de tonijn in een mengkom en pureer tot stukjes van de gewenste grootte.

b) Voeg de mayonaise, kastanjes, ui, citroenpeper en dille toe en meng tot alles gemengd is.

c) Leg op elke cracker een stukje gescheurde sla en garneer met 1 eetlepel tonijnsalade.

d) Garneer eventueel met een stukje verse dille. Dienen.

3. Tonijnsalade Sandwiches Met Komkommer

INGREDIËNTEN:
- 2 lange Engelse komkommers
- 1 eetlepel rode wijnazijn
- 1/4 yoghurt
- 1/4 gehakte dille
- 1/4 selderijblaadjes
- 1 eetlepel extra vergine olijfolie
- Kosjer zout
- Vers gemalen zwarte peper
- 2 gesneden lente-uitjes
- 2 eetlepels mayonaise
- 1 stengel gesneden stengel bleekselderij
- 1/2 theelepel citroenschil
- 2 vijf ons blikjes lichte tonijn, uitgelekt
- 1/2 kopje alfalfaspruiten

INSTRUCTIES:
a) Bereid de komkommers voor. Voor het bereiden van de komkommers heb je twee mogelijkheden. Deze worden gebruikt in plaats van het brood voor dit broodje tonijn. Als u aperitiefsandwiches maakt, hoeft u de komkommer eenvoudigweg te schillen en vervolgens horizontaal in plakjes van een halve centimeter te snijden. Met deze optie krijgt u een groter aantal kleinere tonijnsandwiches. Als alternatief, als je een tonijnsandwich in sub-stijl wilt maken, kun je de komkommers in de lengte halveren. Schep vervolgens de zaden en het vruchtvlees eruit om kleine bootjes te maken, waar je de tonijnmix in gaat doen. Prik met een vork een beetje in de binnenkant, zodat de komkommer meer smaak opneemt.
b) Meng de vinaigrette. Klop in een middelgrote kom de mosterd, azijn, zout en zwarte peper. Voeg vervolgens langzaam de olijfolie toe. Giet tenslotte de vinaigrette op de komkommer.
c) Maak de tonijnvulling. Begin met het uitlekken van de tonijn. Spoel het goed af met koud water en leg het opzij. Klop in een kleine kom de mayonaise, yoghurt, dille, selderijblaadjes, lente-uitjes, selderij, citroenschil, een kwart theelepel zout en een snufje zwarte peper. Doe de tonijn in de kom en meng alles tot een geheel .

d) Stel de boterhammen samen. Als je de aperitiefversie maakt, plaats dan een klodder tonijnmix en vervolgens een paar spruitjes op elk plakje komkommer.

e) Leg er vervolgens nog een plakje bovenop voor een schattig klein broodje.

f) Als je de sub-style tonijnsandwich maakt, vul dan de komkommerbootjes met het tonijnmengsel en voeg dan de spruitjes toe. Leg de andere helft van de komkommer er bovenop. Eet en geniet!

4. Avocado-tonijnsalade in mini-pitazakjes

INGREDIËNTEN:
- 1 blikje tonijn, uitgelekt
- 1 rijpe avocado, gepureerd
- ¼ kopje in blokjes gesneden selderij
- ¼ kopje in blokjes gesneden rode ui
- 1 eetlepel citroensap
- Zout en peper naar smaak
- Mini-pitazakjes

INSTRUCTIES:

a) Meng in een kom de tonijn, gepureerde avocado, in blokjes gesneden bleekselderij, in blokjes gesneden rode ui, citroensap, zout en peper.
b) Meng goed totdat alle ingrediënten gelijkmatig zijn opgenomen.
c) Snijd de mini-pitabroodjes doormidden om zakken te creëren.
d) Vul de avocado-tonijnsalade in de mini-pitazakjes.
e) Verpak de avocado-tonijnsalade in mini-pitazakjes in een lunchbox.

5.Tonijnsalade Sla Wraps

INGREDIËNTEN:
- 2 blikjes tonijn, uitgelekt
- ¼ kopje paleo-vriendelijke mayonaise
- 2 eetlepels gehakte bleekselderij
- 2 eetlepels gehakte rode ui
- 2 theelepels Dijon-mosterd
- Zout en peper naar smaak
- Grote slablaadjes (bijvoorbeeld ijsberg of Romaine)

INSTRUCTIES:
a) Meng in een kom de uitgelekte tonijn, paleo-vriendelijke mayonaise, gehakte bleekselderij, gehakte rode ui en Dijon-mosterd.
b) Meng goed en breng op smaak met peper en zout.
c) Leg de slablaadjes als wraps neer.
d) Vul elk blad met het tonijnsalademengsel.
e) Rol de slablaadjes op om je wraps te maken.

6.Rokerige kikkererwten-tonijnsalade

INGREDIËNTEN:
KIKKERERWTEN TONIJN:
- 15 oz. van gekookte kikkererwten, ingeblikt of anderszins
- 2-3 eetlepels zuivelvrije yoghurt of veganistische mayonaise
- 2 theelepels Dijon-mosterd
- 1/2 theelepel gemalen komijn
- 1/2 theelepel gerookte paprikapoeder
- 1 Eetlepels vers citroensap
- 1 stengel bleekselderij in blokjes gesneden
- 2 bosuitjes fijngesneden
- Zeezout naar smaak

SANDWICH-MONTAGE:
- 4 stuks roggebrood of gekiemd tarwebrood
- 1 kop kinderspinazie
- 1 avocado in plakjes of blokjes
- Zout + peper

INSTRUCTIES:
a) Bereid de kikkererwten-tonijnsalade
b) Pureer de kikkererwten in een keukenmachine tot ze op een grove, kruimelige textuur lijken. Schep de kikkererwten in een middelgrote kom en voeg de rest van de actieve ingrediënten toe , roer tot alles goed gemengd is. Breng op smaak met veel zeezout.
c) Maak je boterham
d) Leg de babyspinazie op elk sneetje brood; Voeg een aantal stapels kikkererwten-tonijnsalade toe en verdeel gelijkmatig. Werk af met plakjes avocado, een paar korrels zeezout en versgemalen peper.

7.Smaakt naar tonijnsaladesandwiches

INGREDIËNTEN:
- ½ kopje gekookt of 1 (15,5 ounce) blik kikkererwten, uitgelekt en gespoeld
- 2 bleekselderijribben, fijngehakt
- 1/4 kopje gehakte ui
- 1 theelepel kappertjes, uitgelekt en fijngehakt
- 1 kopje veganistische mayonaise
- 2 theelepels vers citroensap
- 1 theelepel Dijon-mosterd
- 1 theelepel kelppoeder
- 4 blaadjes sla
- 4 plakjes rijpe tomaat
- Zout en peper
- Brood

INSTRUCTIES:
a) Pureer de kikkererwten in een middelgrote kom grof. Voeg de selderij, ui, kappertjes, ½ kopje mayonaise, citroensap, mosterd en kelppoeder toe. Breng op smaak met zout en peper. Meng tot alles goed gemengd is. Dek af en zet minimaal 30 minuten in de koelkast, zodat de smaken zich kunnen vermengen.

b) Wanneer u klaar bent om te serveren, smeert u de resterende 1/4 kop mayonaise op 1 kant van elk sneetje brood. Leg op 4 sneetjes brood sla en tomaat en verdeel het kikkererwtenmengsel er gelijkmatig over. Beleg elke sandwich met het resterende sneetje brood, met de mayonaisekant naar beneden, doormidden gesneden en serveer.

8. Tonijnsaladeboten

INGREDIËNTEN:
- 6 hele baby-dille-augurken of 2 grote hele augurken
- 5 oz. stuk witte tonijn
- ¼ kopje mayonaise
- ¼ kopje in blokjes gesneden rode ui
- 1 theelepel suiker of honing

INSTRUCTIES:
a) Snijd de hele augurken in de lengte doormidden, van begin tot eind. Gebruik een lepel of schilmesje om de binnenkant van elke kant van de augurk uit te snijden of te schrapen, zodat er een bootvorm ontstaat met de overgebleven augurkhuid.
b) Snijd de uitgeschraapte binnenkant in stukken en doe ze in een mengkom. Gebruik een papieren handdoek om eventuele extra sappen uit de augurkboten op te zuigen en de binnenste stukken te snijden.
c) Laat de tonijn goed uitlekken en doe hem in de kom. Druk met een vork aan om grote stukken te hakken. Voeg mayonaise, rode ui, gehakte augurk en suiker of honing (optioneel) toe en meng goed tot de tonijnsalade.
d) Schep de tonijnsalade in elke augurkboot. Koel en serveer of serveer onmiddellijk.

9. Tonijn En Olijfsalade Sandwich

INGREDIËNTEN:
VOOR TONIJNSALADE:
- 1/4 kop mayonaise
- 2 eetlepels vers citroensap
- 2 blikjes lichte tonijn verpakt in olijfolie, uitgelekt
- 1/2 kop gehakte, uitgelekte, geroosterde rode paprika's in flessen
- 10 Kalamata of andere gepekelde zwarte olijven, ontpit en in de lengte in reepjes gesneden
- 1 grote knolselderijrib, gehakt
- 2 eetlepels fijngesneden rode ui
- Pepperoncini-pepers (uitgelekt en grof gesneden) - optioneel

VOOR SANDWICH:
- 1 stokbrood (20 tot 24 inch).
- 2 eetlepels olijfolie
- Groene bladsla (jouw favoriet)

INSTRUCTIES:
MAAK TONIJNSALADE:
a) Meng de mayonaise en het citroensap in een grote kom.
b) Voeg de resterende ingrediënten voor de salade toe en roer voorzichtig door elkaar. Breng op smaak met zout en peper.

MONTEER BROODJES:
c) Snij het stokbrood in 4 gelijke stukken en halveer elk stuk horizontaal.
d) Bestrijk de zijkanten met olie en kruid met peper en zout.
e) Maak sandwiches met stokbrood, sla en tonijnsalade.

10.Zeeschelpensalade met tonijn

INGREDIËNTEN:
- 8 ons shell macaroni, ongekookt
- 1 kopje geraspte wortel
- 3/4 kopje in blokjes gesneden groene paprika
- 2/3 kop gesneden bleekselderij
- 1/2 kopje gehakte groene uien
- 1 6 1/8 ounce blik tonijn in water, uitgelekt en in vlokken
- 1/4 kop plus 2 eetlepels magere yoghurt
- 1/4 kop mayonaise met verlaagd caloriegehalte
- 1/4 theelepel selderiezaad
- 1/4 theelepel zout
- 1/4 theelepel peper
- Krullende bladsla

INSTRUCTIES:
a) Kook macaroni volgens de instructies op de verpakking, zonder zout en vet; droogleggen. Spoel af met koud water en laat goed uitlekken.
b) Combineer macaroni, wortel en de volgende 4 ingrediënten; zachtjes gooien.
c) Combineer yoghurt en de volgende 4 ingrediënten; goed roeren. Voeg toe aan het pastamengsel en roer voorzichtig. Dek af en laat grondig afkoelen.
d) Om te serveren, schep het pastamengsel op met sla beklede saladeborden.

TONIJN SALADE KOMMEN

11. Tonijn Sushi Bowl s met Mango

INGREDIËNTEN:
- 60 ml sojasaus (¼ kopje + 2 eetlepels)
- 30 ml plantaardige olie (2 eetlepels)
- 15 ml sesamolie (1 eetlepel)
- 30 ml honing (2 eetlepels)
- 15 ml Sambal Oelek (1 eetlepel, zie opmerking)
- 2 theelepels verse geraspte gember (zie opmerking)
- 3 lente-uitjes, in dunne plakjes gesneden (witte en groene delen)
- 454 gram Ahi-tonijn van sushi-kwaliteit (1 pond), in stukjes van ¼ of ½ inch gesneden
- 2 kopjes sushirijst, gekookt volgens de aanwijzingen op de verpakking (vervangen door andere rijst of graan)

OPTIONELE TOPPINGS:
- Gesneden avocado
- Gesneden komkommer
- Edamame
- Gepekelde gember
- In blokjes gesneden mango
- Chips of wontonchips
- Sesam zaden

INSTRUCTIES:
a) Meng in een middelgrote kom sojasaus, plantaardige olie, sesamolie, honing, Sambal Oelek, gember en lente-uitjes.
b) Voeg de in blokjes gesneden tonijn toe aan het mengsel en meng. Laat het mengsel minimaal 15 minuten of maximaal 1 uur in de koelkast marineren.
c) Schep de sushirijst in kommen, schep de gemarineerde tonijn erop en voeg de gewenste toppings toe.
d) Er zal extra saus zijn om over de toppings te sprenkelen; serveer het ernaast.

12.Kaisen (verse sashimi op een kom rijst)

INGREDIËNTEN:
- 800 g gekruide sushirijst

TOPPINGEN
- 240 g zalm van sashimi-kwaliteit
- 160 g tonijn van sashimi-kwaliteit
- 100 g zeebaars van sashimi-kwaliteit
- 100 g gekookte garnalen (garnalen)
- 4 rode radijzen, geraspt
- 4 shisoblaadjes
- 40 g zalmkuiten

SERVEREN
- gepekelde gember
- wasabi-pasta
- sojasaus

INSTRUCTIES:
a) Snijd de zalmfilet in 16 plakjes en de tonijn en zeebaars elk in 12 plakjes. Zorg ervoor dat u dwars op de korrel snijdt om er zeker van te zijn dat de vis zacht is.

b) Om te serveren verdeelt u de sushirijst over vier afzonderlijke kommen en maakt u het oppervlak van de rijst plat. Beleg met de zalm, tonijn, zeebaars en garnalen (garnalen), in overlappende plakjes gerangschikt.

c) Garneer met de geraspte rode radijzen, shisoblaadjes en zalmeitjes.

d) Serveer met ingelegde gember als smaakpapillenreiniger en wasabi en sojasaus naar smaak.

13. Tonijn Met Avocado Sushikom

INGREDIËNTEN:
- 1 avocado, geschild en ontpit
- vers geperst sap van 1 limoen
- 800 g gekruide bruine sushirijst
- 1 sjalotje of rode ui, fijngehakt en geweekt in water
- een handvol gemengde slablaadjes
- 2 eetlepels sjalottenchips (optioneel)

TONIJN
- 1 eetlepel geraspte knoflook
- 1 eetlepel geraspte gember
- 2 eetlepels plantaardige olie
- 500 g tonijnsteaks van sashimi-kwaliteit, zeezout en versgemalen zwarte peper

DRESSING
- 4 eetlepels rijstazijn
- 4 eetlepels lichte sojasaus
- 4 eetlepels mirin
- 4 theelepels geroosterde sesamolie
- vers geperst sap van 1 limoen
- 1 theelepel suiker
- een snufje zout

INSTRUCTIES:
a) Om de tonijn te bereiden, meng je in een kleine kom de knoflook, gember en olie. Verdeel dit over beide kanten van elke tonijnsteak en breng op smaak met zout en peper.
b) Verhit een grillpan tot heet en schroei de tonijnsteaks gedurende 1 minuut aan elke kant voor zeldzaam.
c) Laat de tonijn afkoelen en snijd hem in blokjes van 2 cm.
d) Om de dressing te maken, combineer alle ingrediënten.
e) Snij de avocado in grote blokjes en knijp er het limoensap over uit om te voorkomen dat het vruchtvlees bruin wordt.
f) Doe de bruine sushirijst in kommen en garneer met de tonijnblokjes, avocado, sjalot of rode ui en gemengde blaadjes. Giet vlak voor het serveren de dressing erover. Werk af met sjalottenchips, indien gebruikt, voor extra knapperigheid.

14. Pittige Tonijn Sushi Bowl

INGREDIËNTEN:
VOOR DE TONIJN:
- 1/2 pond tonijn van sushi-kwaliteit, in blokjes van 1/2 inch gesneden
- 1/4 kop gesneden lente-uitjes
- 2 eetlepels sojasaus met verlaagd natriumgehalte of glutenvrije tamari
- 1 theelepel sesamolie
- 1/2 theelepel sriracha

VOOR DE PITTIGE MAYONAISE:
- 2 eetlepels lichte mayonaise
- 2 theelepels srirachasaus

VOOR DE KOM:
- 1 kop gekookte traditionele sushirijst met korte korrel of witte sushirijst
- 1 kopje komkommers, geschild en in blokjes van 1/2 inch gesneden
- 1/2 middelgrote Hass-avocado (3 ons), in plakjes gesneden
- 2 lente-uitjes, in plakjes gesneden voor garnering
- 1 theelepel zwarte sesamzaadjes
- Soja met verlaagd natriumgehalte of glutenvrije tamari, voor serveren (optioneel)
- Sriracha, voor serveren (optioneel)

INSTRUCTIES:
a) Meng mayonaise en sriracha in een kleine kom en verdun met een beetje water om te besprenkelen.
b) Meng tonijn in een middelgrote kom met lente-uitjes, sojasaus, sesamolie en sriracha. Meng voorzichtig en zet opzij terwijl je de kommen klaarmaakt.
c) Leg in twee kommen de helft van de rijst, de helft van de tonijn, avocado, komkommer en lente-uitjes.
d) Besprenkel met pittige mayo en strooi sesamzaadjes. Serveer eventueel met extra sojasaus ernaast.
e) Geniet van de gedurfde en kruidige smaken van deze verrukkelijke Spicy Tuna Sushi Bowl!

15. Gedeconstrueerde Pittige Tonijn Sushi Bowl

INGREDIËNTEN:
- 1 kop sushirijst, gekookt
- 1/2 kopje pikante tonijn, gehakt
- 1/4 kop edamamebonen, gestoomd
- 1/4 kopje radijsjes, in dunne plakjes gesneden
- Sriracha-mayo om te besprenkelen
- Avocadoschijfjes ter garnering
- Sesamzaadjes voor de topping

INSTRUCTIES:
a) Verdeel de gekookte sushirijst in een kom.
b) Leg de gehakte pikante tonijn, gestoomde edamamebonen en in plakjes gesneden radijs erop.
c) Sprenkel de Sriracha-mayo over de kom.
d) Garneer met plakjes avocado en strooi sesamzaadjes.
e) Geniet van de gedeconstrueerde pittige tonijnsushi bowl!

16. Geschroeide Tonijn Sushi Bowl s

INGREDIËNTEN:
VOOR DE KOM
- 1 pond Irresistibles geschroeide tonijn en Tataki
- Sushirijst

VOOR DE MARINADE
- ¼ kopje zoete ui, in dunne plakjes gesneden
- 1 lente-ui, schuin gesneden (ongeveer ¼ kopje) plus meer voor garnering
- 2 teentjes knoflook, fijngehakt
- 2 theelepels zwarte sesamzaadjes, geroosterd plus meer voor garnering
- 2 theelepels cashewnoten (geroosterd en ongezouten), gehakt en geroosterd
- 1 rode chilipeper fijngesneden plus meer voor garnering
- 3 eetlepels sojasaus
- 2 eetlepels sesamolie
- 2 theelepels rijstazijn
- 1 theelepel limoensap
- 1 eetlepel sriracha plus meer voor serveren
- ¼ theelepel zeezout
- ½ theelepel rode pepervlokken (optioneel)

EXTRA GARNEERMOGELIJKHEDEN
- Gesneden komkommer
- Gesneden radijsjes
- Gesneden kool
- Zeewiervlokken
- Gehakte Avocado
- Edamame

INSTRUCTIES:
a) Combineer alle ingrediënten voor de marinade in een grote kom en voeg de plakjes geschroeide tonijn toe en schep voorzichtig om.
b) Dek af en zet 10-30 minuten in de koelkast.
c) Haal het uit de koelkast en serveer het op een bedje van witte rijst, samen met eventuele garnituren en wat hete saus/sriracha ernaast.

17. Pittige tonijn- en radijssushikom

INGREDIËNTEN:
- 1 pond sushi-tonijn, in blokjes gesneden
- 2 eetlepels gochujang (Koreaanse rode peperpasta)
- 1 eetl sojasaus
- 1 eetl sesamolie
- 1 theelepel rijstazijn
- 1 kopje daikon-radijs, in julienne gesneden
- 1 kopje erwten, in plakjes gesneden
- 2 kopjes Traditionele Sushirijst, gekookt
- Groene uien voor garnering

INSTRUCTIES:
a) Meng gochujang, sojasaus, sesamolie en rijstazijn om de pittige saus te maken.
b) Meng de tonijnblokjes met de pikante saus en zet 30 minuten in de koelkast.
c) Stel kommen samen met traditionele sushirijst als basis.
d) Beleg met gemarineerde tonijn, in julienne gesneden daikon-radijs en gesneden erwten.
e) Garneer met gehakte groene uien en serveer.

18.Sushikom met tonijn en watermeloen

INGREDIËNTEN:
- 1 pond sushi-tonijn, in blokjes
- 1/4 kopje kokosaminos (of sojasaus)
- 2 eetlepels limoensap
- 1 eetl sesamolie
- 2 kopjes watermeloen, in blokjes gesneden
- 1 kop komkommer, in plakjes gesneden
- 2 kopjes Traditionele Sushirijst, gekookt
- Muntblaadjes ter garnering

INSTRUCTIES:
a) Meng kokosnootaminos, limoensap en sesamolie voor de marinade.
b) Schep de tonijn door de marinade en zet 30 minuten in de koelkast.
c) Maak kommen met gekookte traditionele sushirijst als basis.
d) Beleg met gemarineerde tonijn, in blokjes gesneden watermeloen en gesneden komkommer.
e) Garneer met verse muntblaadjes en serveer.

AHI TONIJN SALADES

19.Ahi tonijnsalade

INGREDIËNTEN:
- 1 Ahi tonijnsteak, 6 ons
- 2 theelepels vijfkruidenpoeder
- 1 theelepel grillkruiden of zout en grove peper
- Kookspray of plantaardige olie
- 5 ons gemengde voorgewassen babysaladegroenten
- 2 radijsjes, in plakjes gesneden
- 1/4 Europese komkommer, in dunne plakjes gesneden
- 1/2 theelepel wasabipasta
- 1 eetlepel rijstazijn
- 1 eetlepel sojasaus
- 3 eetlepels olijfolie van eerste persing
- Zout en versgemalen zwarte peper

INSTRUCTIES:
a) Bestrijk de tonijnsteak met vijfkruidenpoeder en grillkruiden.
b) Schroei de tonijn aan elke kant gedurende 2 minuten.
c) Combineer greens, radijsjes en komkommer in een kom.
d) Klop wasabi, azijn en sojasaus in een kleinere kom; Voeg olie toe om de dressing te maken.
e) Druppel de dressing over de salade en schep om.
f) Snijd de tonijn in plakjes en verdeel over de salade.

20. Ahi Tonijn Tataki Salade Met Citroen Wasabi Dressing

INGREDIËNTEN:
CITROEN WASABI DRESSING:
- 1 kleine sjalot, geschild en in plakjes gesneden
- 1-2 theelepels bereide wasabi
- 2 eetlepels sojasaus
- 2 eetlepels vers citroensap
- 1 eetlepel mirin
- 2 eetlepels rijstazijn
- 1 theelepel yuzu-sap
- Kristalsuiker, naar smaak
- 4 eetlepels koolzaadolie

TONIJN:
- 300 gram verse Ahi tonijn, sashimi kwaliteit
- 2 theelepels ichimi togarashi (of gemalen rode pepervlokken)
- 1/2 theelepel roze Himalayazout
- 1 eetlepel koolzaadolie
- 1/2 kop daikon-radijsspruiten, voor garnering

SALADE:
- 4 kopjes gemengde baby Aziatische groenten
- 1 kopje bevroren edamame zonder dop, ontdooid
- 2 eetlepels ingelegde gember, in julienne gesneden
- 1/2 komkommer, geschild, in dunne reepjes gesneden
- 1 kleine erfstuktomaat, in kleine partjes gesneden

INSTRUCTIES:
a) Doe alle ingrediënten voor de dressing in een blender en mix tot een gladde massa.

b) Breng de tonijnporties op smaak met togarashi en zout. Schroei de tonijn in koolzaadolie en snij in gelijke plakjes.

c) Doe de greens in een mengkom en breng lichtjes op smaak met dressing.

d) Verdeel de salade over serveerborden en garneer met ingelegde gember, edamame, komkommer en tomaat.

e) Schik de tonijnplakken eromheen en besprenkel met nog meer dressing. Garneer de tonijn met daikonspruiten.

21. Heerlijke gelaagde tonijnsalade

INGREDIËNTEN:
- 2 uur chilltijd
- 1-1/2 lb verse Ahi-tonijnfilets, gesneden in een dikte van 2,5 cm
- 1 el extra vergine olijfolie
- 1-1/4 lb kleine nieuwe Yukon Gold-aardappelen, in dunne plakjes gesneden
- 6 oren verse suikermaïs
- 1 kopje gehakte verse koriander
- 12 groene uien, in plakjes gesneden
- 1 jalapenopeper, zonder zaadjes en in plakjes gesneden
- Limoendressing
- 1 middelgrote rode paprika, gehakt
- Chili poeder
- Limoenpartjes (optioneel)

LIMOEN DRESSING:
- 1/3 kopje vers limoensap
- 1/3 kopje extra vergine olijfolie
- 1 theelepel suiker
- 1/2 theelepel zout

INSTRUCTIES:
a) Bestrijk de tonijn met olijfolie, bestrooi met zout en peper en gril tot hij gaar is.
b) Kook de aardappelschijfjes tot ze gaar zijn. Snijd maïs van de kolf.
c) Meng koriander, groene uien en jalapeno in een kleine kom; afdekken en afkoelen.
d) Bereid de limoendressing door limoensap, olijfolie, suiker en zout te kloppen.
e) Breek de tonijn in stukken en leg deze gelijkmatig in een ovenschaal. Besprenkel met limoendressing.
f) Voeg aardappelen, maïs en resterende dressing toe. Bestrooi met zout en peper.
g) Dek af en laat 2-3 uur afkoelen.

BLAUWVIN TONIJN SALADE

22. Salade van aangebraden blauwvintonijn Niçoise

INGREDIËNTEN:
SALADE
- 225 g kleine rode aardappelen
- 4 grote eieren
- Grote hand gemengde sla
- 400 g Dinko Zuidelijke Blauwvintonijn
- 200 gram kerstomaatjes
- ½ kopje niçoise-olijven
- Zout en peper

DRESSING
- 1/3 kopje olijfolie
- 1/3 kopje rode wijnazijn
- 1 eetlepel Dijon-mosterd

INSTRUCTIES:
a) Doe de olijfolie, rode wijnazijn en Dijon-mosterd in een glazen pot en schud.
b) Doe de eieren in een grote pan en bedek ze met water. Zodra het water kookt, zet u de brander uit en laat u hem 10-15 minuten staan. Zeef het water uit de pan, vul het met koud water en laat het staan.
c) Schil de aardappelen, snijd ze in vieren, doe ze in een pan en bedek ze met water. Breng aan de kook, zet het vuur lager en laat 12 minuten koken.
d) 4 Verhit een grote gietijzeren koekenpan op middelhoog vuur en bestrijk de koekenpan vervolgens lichtjes met kookspray.
e) Bestrijk de Dinko zuidelijke blauwvintonijnsteaks met zout en peper en plaats de tonijn in de koekenpan. Schroei de tonijn gedurende 2 minuten aan elke kant. Zet opzij en laat afkoelen.
f) Haal de eieren uit het water; schillen en in de lengte doormidden snijden.
g) Snijd de tonijnsteaks in dunne plakjes over de korrel.
h) Meng tomaten, olijven, gemengde sla en aardappelen in een grote kom. Meng voorzichtig.
i) Verdeel de saladmix over vier borden; top met plakjes tonijn en eieren.
j) Besprenkel met dressing en serveer.

23. Blauwvintonijn met olijven en koriandersaus

INGREDIËNTEN:
- 1 pond blauwvintonijnsteak
- 3 Kirby-komkommers
- 1/2 kopje gemengde olijven zonder pit, in dobbelstenen van 1/4 inch gesneden
- 1/4 kop verpakte verse korianderblaadjes
- 2 eetlepels vers citroensap, plus partjes citroen voor serveren
- 1/4 kop plus 2 eetlepels extra vergine olijfolie
- Grof zout en versgemalen peper
- 2 eetlepels ongezouten boter

INSTRUCTIES:
a) Halveer de komkommers in de lengte, schep de zaden eruit en gooi ze weg, en snijd de komkommers in dobbelstenen van 1/4 inch.

b) Meng in een kleine kom komkommers, olijven, koriander, citroensap en 1/4 kopje olie; breng op smaak met zout en peper. Opzij zetten.

c) Kruid de tonijnsteak met peper en zout. Verhit een grote, zware koekenpan (bij voorkeur gietijzer) op hoog vuur. Voeg 2 eetlepels olie toe; als het begint te glinsteren, voeg je de tonijnsteak toe. Schroei 1 minuut, draai dan om en kook nog 30 seconden.

d) Voeg 2 eetlepels boter toe, smelt en kook nog 1 minuut. Let op: wij houden van onze tonijn die zeldzaam wordt gekookt. Als je liever medium gekookt hebt, kun je een paar minuten aan je kooktijd toevoegen.

e) Snijd met een scherp mes de tonijnsteak schuin af en serveer met olijvensaus.

24. Mediterrane blauwvintonijnsalade

INGREDIËNTEN:
- 1 pond verse blauwvintonijn, sushi-kwaliteit
- 4 kopjes gemengde saladegroenten (rucola, spinazie en/of waterkers)
- 1 kop kerstomaatjes, gehalveerd
- 1/2 komkommer, in plakjes gesneden
- 1/4 rode ui, in dunne plakjes gesneden
- 1/4 kopje Kalamata-olijven, ontpit
- 2 eetlepels kappertjes
- 1/4 kop fetakaas, verkruimeld
- 3 eetlepels extra vergine olijfolie
- 2 eetlepels rode wijnazijn
- 1 theelepel Dijon-mosterd
- Zout en zwarte peper naar smaak

INSTRUCTIES:
a) Snij de blauwvintonijn in hapklare blokjes.
b) Kruid de tonijn met peper en zout.
c) Verhit een koekenpan of grillpan op hoog vuur.
d) Schroei de tonijnblokjes 1-2 minuten aan elke kant, maar houd het midden rood.
e) Haal van het vuur en laat een paar minuten rusten voordat je het aansnijdt.
f) Meng in een grote kom de groene salades, kerstomaatjes, komkommer, rode ui, olijven en kappertjes.
g) Meng in een kleine kom de olijfolie, rode wijnazijn, Dijon-mosterd, zout en peper.
h) Voeg de gesneden tonijn toe aan de salade.
i) Druppel de dressing over de salade en roer voorzichtig door elkaar.
j) Strooi er verkruimelde fetakaas over.
k) Serveer onmiddellijk.

TONIJNSTEAK SALADE

25. Gedeconstrueerde Nicoise-salade

INGREDIËNTEN:
- Tonijnsteaks - één per persoon, gegrild met olijfolie, zout en peper
- 2 nieuwe aardappelen per persoon
- 5-8 bonen per persoon
- 10 olijven per persoon
- 1 zachtgekookt ei per persoon
- Ansjovis mayonaise

INSTRUCTIES:
a) Kook de aardappelen en snijd ze in partjes.
b) Pel de zachtgekookte eieren.
c) Blancheer de bonen.
d) BBQ de tonijnsteaks.
e) Constructie, eindigend met de tonijnsteaks erop.
f) Besprenkel met ansjovismayonaise.

26.Tonijn En Witte Bonensalade

INGREDIËNTEN:
- 2 (15 ounce) blikjes cannellini of grote noordelijke bonen, gespoeld en uitgelekt
- 3 grote Roma-tomaten, zonder zaadjes en gehakt (ongeveer 1 1/2 kopjes)
- 1/2 kop gehakte venkel, bewaar bladtoppen
- 1/3 kopje gehakte rode ui
- 1/3 kop oranje of rode paprika
- 1 eetlepel afgeknipte venkelbladtoppen
- 1/4 kop extra vergine olijfolie (EVOO)
- 3 eetlepels witte wijnazijn
- 2 eetlepels citroensap
- 1/4 theelepel zout
- 1/4 theelepel peper
- 1 (6-ounce) tonijnsteak, gesneden 1 inch dik
- Zout
- Grond zwarte peper
- 1 eetlepel EVOO
- 2 kopjes gescheurde gemengde saladegroenten
- Bladachtige venkeltoppen

INSTRUCTIES:
Voor Salade:
a) Meng in een grote kom bonen, tomaten, gehakte venkel, rode ui, paprika en de afgeknipte venkeltoppen; opzij zetten.
b) Voor vinaigrette:
c) Meng in een pot met schroefdop 1/4 kopje EVOO, de azijn, het citroensap, 1/4 theelepel zout en peper. Dek af en schud goed.
d) Giet de dressing over het bonenmengsel; voorzichtig gooien om te coaten. Laat 30 minuten bij kamertemperatuur staan.
Voor tonijn:
e) Bestrooi tonijn, indien gebruikt, met zout en peper; verwarm 1 eetlepel EVOO op middelhoog.
f) Voeg de tonijn toe en kook gedurende 8 tot 12 minuten, of tot de vis gemakkelijk uit elkaar valt met een vork, waarbij u hem één keer draait. Breek de tonijn in stukjes.

g) Voeg tonijn toe aan het bonenmengsel; gooien om te combineren.
h) Serveren:
i) Bekleed een serveerschaal met groene salades, schep het bonenmengsel over de greens.
j) Garneer indien gewenst met extra venkeltopjes.

27.Gegrilde Dragon Tonijnsalade

INGREDIËNTEN:
- 1/2 kop lichte vinaigrette of Italiaanse saladedressing
- 1 theelepel. verse geraspte dragon
- 4 (6 oz. elk) verse tonijnsteaks, gesneden van 1/2 inch tot 3/4 inch dik
- 8 kopjes (8 oz.) saladegroenten
- 1 kop tomaten (traan, druif of kers)
- 1/2 kop gele paprikareepjes
- 1-3/4 kopjes (7 oz.) Geraspte Mozzarella & Asiago-kaas met geroosterde knoflook, verdeeld

INSTRUCTIES:
a) Combineer saladedressing en dragon. Schep 2 eetlepels dressing over de tonijnsteaks.
b) Grill de tonijn op middelhoog vuur gedurende 2 minuten per kant of tot hij aan de buitenkant dichtgeschroeid is, maar nog steeds erg roze in het midden. Vermijd te gaar koken om taaiheid te voorkomen.
c) Combineer groene salades, tomaten, paprikareepjes en 1 kopje kaas in een grote kom.
d) Voeg het resterende dressingmengsel toe; goed gooien.
e) Breng over naar serveerschalen, bedek met tonijn en bestrooi met de resterende kaas. Serveer met peper.

28.Salade van gegrilde tonijn Nicoise

INGREDIËNTEN:
- 2 eetlepels champagneazijn
- 1 eetlepel gehakte dragon
- 1 theelepel Dijon-mosterd
- 1 kleine sjalot, fijngehakt
- 1/2 theelepel fijn zeezout
- 1/4 theelepel gemalen zwarte peper
- 1/4 kop olijfolie
- 1 (1 pond) verse of bevroren en ontdooide tonijnsteak
- Olijfolie kookspray
- 1 1/2 pond kleine nieuwe aardappelen, gaar gekookt en afgekoeld
- 1/2 pond sperziebonen, bijgesneden, gekookt tot ze zacht zijn en afgekoeld
- 1 kop gehalveerde kerstomaatjes
- 1/2 kop ontpitte Nicoise-olijven
- 1/2 kop dun gesneden rode ui
- 1 hardgekookt ei, geschild en in partjes gesneden (optioneel)

INSTRUCTIES:
a) Meng azijn, dragon, dijon, sjalot, zout en peper. Klop langzaam de olijfolie erdoor tot een vinaigrette.
b) Sprenkel 2 eetlepels vinaigrette over de tonijnsteaks, dek af en zet 30 minuten in de koelkast.
c) Spuit de grill in met kookspray en verwarm voor op middelhoog vuur. Grill de tonijn tot hij gaar is tot de gewenste gaarheid (5 tot 7 minuten aan elke kant).
d) Snij de tonijn in grote stukken. Schik tonijn, aardappelen, sperziebonen, tomaten, olijven, ui en ei op een grote schaal. Serveer met de overgebleven vinaigrette ernaast.

29.Bladsla En Gegrilde Tonijnsalade

INGREDIËNTEN:
LIME VINAIGRETTE:
- 6 eetlepels limoensap
- 1,5 el witte wijnazijn
- 3 eetlepels olijfolie
- 2 eetlepels natriumarme sojasaus
- Zout en versgemalen zwarte peper

TONIJN:
- 4 tonijnsteaks (elk 4 tot 5 oz)
- Anti-aanbak kookspray

GROENE SALADE:
- 8 kopjes gemengde Bibb en Romeinse sla
- 6 grote champignons (in plakjes gesneden)
- 1/4 kop gesneden lente-uitjes
- 1 grote tomaat (ingeklemd)
- 1 blik zwarte bonen (gespoeld en uitgelekt, koud)

INSTRUCTIES:
a) Bereid de soja-limoenvinaigrette door limoensap, azijn, olijfolie, sojasaus, zout en peper te kloppen.
b) Spuit het grillrooster in met anti-aanbakspray en verwarm voor op middelhoog. Tonijn op smaak brengen met zout en peper.
c) Grill de tonijn 4-5 minuten per kant. Tonijn in reepjes snijden.
d) Meng tonijn, champignons, lente-uitjes en andere groenten in een kom met de helft van de vinaigrette.
e) Meng de sla met de resterende vinaigrette in een aparte slakom. Verdeel het tonijn-groentenmengsel erover.
f) Optioneel: Strooi er gehakte koriander overheen. Deze salade lijkt op Black-eyed Pea en wordt zoiets geserveerd.

30. Gepeperde tonijnsteaks met salade in Koreaanse stijl

INGREDIËNTEN:
SALADE IN KOREAANSE STIJL:
- 1/2 kopje geraspte Chinese kool
- 1/4 kop verse taugé
- 1 komkommer, geschild, zonder zaadjes en in dunne plakjes gesneden
- 1/4 kop sojasaus
- 1/4 kopje rijstazijn
- 1 eetlepel gehakte gember
- 1 eetlepel gehakte knoflook
- 1 verse chilipeper naar keuze, fijngehakt
- 2 eetlepels kristalsuiker
- 2 eetlepels grof gesneden verse basilicum
- Zout en peper naar smaak

TONIJN:
- 4 verse tonijnsteaks
- 1/4 kop grof gemalen peperkorrels
- 1/2 theelepel koosjer zout

INSTRUCTIES:
a) Meng in een middelgrote kom kool, taugé en komkommer.

b) Combineer sojasaus, azijn, gember, knoflook, chilipeper, suiker, basilicum, zout en peper. Meng alles goed en voeg net genoeg toe aan het koolmengsel om het te bevochtigen. Goed omscheppen, afdekken en in de koelkast bewaren.

c) Verwarm de grill voor op de hoogste stand. Wrijf de tonijn rondom in met gemalen peperkorrels en bestrooi met zout.

d) Leg ze op een licht ingevette grillpan en rooster tot ze naar wens gaar zijn, ongeveer 6 minuten per kant.

e) Verdeel de salade over 4 borden, beleg elk bord met een tonijnsteak en serveer meteen.

31.Gebakken verse tonijnsalade

INGREDIËNTEN:
- 3/4 pond baby- of creamer rode aardappelen
- 1/2 pond verse sperziebonen
- 2 eetlepels Dijonmosterd
- 3 eetlepels rode wijnazijn
- 1 eetlepel witte mierikswortel
- 2 eetlepels kippenbouillon
- 3/4 pond verse tonijnsteak, 1 inch dik
- 2 eetlepels sesamzaadjes
- 1 eetlepel olijfolie
- 8 ons verse babygroenten
- 1 rijpe tomaat, in blokjes van 2 inch gesneden
- 1/2 Frans stokbrood
- 1/2 theelepel zout
- 1/2 theelepel versgemalen zwarte peper

INSTRUCTIES:
a) Verwarm de oven voor op 350.
b) Was de aardappelen en snijd ze in blokjes van 1 cm.
c) Was de bonen, snijd ze in stukken van 2 cm.
d) Doe de aardappelen in een stoompan boven 7,5 cm water, dek de pan af en breng het water aan de kook.
e) Stoom gedurende 5 minuten, voeg dan bonen toe en stoom nog eens 5 minuten.
f) Meng mosterd en azijn in een grote kom tot een gladde massa. Voeg mierikswortel en bouillon toe en roer met een vork tot een gladde consistentie.
g) Voeg zout en peper toe, voeg de aardappelen en bonen toe als ze gaar zijn en roer goed.
h) Was de tonijn, dep hem droog met keukenpapier en bestrijk beide kanten met sesamzaadjes.
i) Verwarm een middelgrote koekenpan met anti-aanbaklaag gedurende 2 minuten op middelhoog vuur. Voeg olijfolie toe en bak de tonijn gedurende 2 minuten per kant, en zout en peper de gekookte kant.
j) Dek af, haal van het vuur en laat 5 minuten staan.
k) Verdeel de greens doormidden en leg ze op borden. Schep vervolgens de aardappelen en bonen op de sla. Voeg de tomaten toe, snijd de tonijn in reepjes en schik er bovenop.
l) Giet de resterende dressing erover en serveer met een stokbrood.

INGEblikte ALBACORE TONIJN SALADES

32.Albacore Bananen Ananas Salade

INGREDIËNTEN:
- 3 rijpe bananen, in blokjes gesneden
- 1/2 kopje in blokjes gesneden ananas uit blik
- 1 1/2 kopjes witte tonijn uit blik
- 1/4 kopje in blokjes gesneden selderij
- 1/2 theelepel zout
- 1 eetlepel gehakte augurk
- Mayonaise om te bevochtigen

INSTRUCTIES:

a) Meng bananen en ananas door elkaar en voeg dan de vlokken witte tonijn toe.

b) Spatel de overige ingrediënten erdoor en garneer met frisse sla en schijfjes citroen.

33.Pastasalade Albacore

INGREDIËNTEN:
- 4 kopjes gekookte spiraalvormige pasta
- 1 kopje Italiaanse saladedressing
- 1 kop tomaten, in blokjes gesneden
- 1 kop komkommers, in blokjes gesneden
- 1 kop zwarte olijven, in blokjes gesneden
- 1 kopje rode paprika, in blokjes gesneden
- 2 kopjes sla
- 1 blik witte tonijn

INSTRUCTIES:
a) Pasta koken volgens gebruiksaanwijzing.
b) Giet af en meng met saladedressing. Zet 1 uur in de koelkast.
c) Scheur de sla in hapklare stukjes en zet in de koelkast.
d) Meng de groenten met de pasta, roer er voorzichtig de tonijn door en schik op de sla in een kom.

34.Tonijn Noedelsalade

INGREDIËNTEN:
- 1-2 blikjes tonijn (witte witte tonijn werkt het beste)
- 2 kopjes ongekookte pasta (kleine schelpen of macaroni werken prima)
- 1/3 komkommer (in stukjes gesneden)
- 1/2 middelgrote tomaat (in blokjes gesneden)
- 1 grote wortel (geschild en in kleine stukjes gesneden)
- 1/3 kopje gesneden zwarte olijven
- 1/3 kopje gesneden groene olijven
- 3 zoete dwerg-augurken (in dunne plakjes gesneden)
- 1/2 kleine ui (gehakt of fijngehakt)
- 1/2 kopje saladedressing (Miracle Whip of geen naam)
- Zout en peper naar smaak
- Andere groenten die je lekker vindt of die je wilt vervangen

INSTRUCTIES:
a) Kook de pasta (ongeveer 10 minuten).
b) Terwijl de pasta kookt, doe je het voorbereidende werk voor je groenten.
c) Giet de noedels af en spoel ze af met koud water tot de pasta is afgekoeld.
d) Voeg de saladedressing, zout en peper toe. Goed mengen.
e) Voeg alle gesneden groenten toe aan de pasta.
f) Voeg de tonijn toe aan het mengsel. Voila!

35.Chow Mein tonijnsalade

INGREDIËNTEN:
DRESSING:
- 1/3 kopje mayonaise en zure room (of Griekse yoghurt)
- 1/4 theelepel zout (naar smaak aanpassen)
- 3/4 theelepel knoflookpoeder
- 1/8 theelepel zwarte peper

SALADE:
- 1 krop ijsbergsla, gescheurd
- 12 oz witte tonijn, uitgelekt en in stukjes gesneden
- 1 kopje bevroren groene erwten, ontdooid
- 1 blikje mein-noedels (ongeveer 1 volle kop)

INSTRUCTIES:
a) Roer de ingrediënten voor de dressing door elkaar en zet opzij.
b) Meng de erwten, tonijn en sla.
c) Roer de dressing erdoor.
d) Roer als laatste de chow mein noedels erdoor en serveer onmiddellijk!

36.Mostaccioli-salade Nicoise

INGREDIËNTEN:
- 1 pond Mostaccioli of penne pasta, ongekookt
- 2 pond verse sperziebonen, gestoomd tot ze zacht en knapperig zijn
- 2 middelgrote groene paprika's, in stukjes gesneden
- 1 pint kerstomaatjes, in vieren
- 2 kopjes gesneden bleekselderij
- 1 kopje gesneden groene uien
- 10-20 rijpe olijven zonder pit (Kalamata), in plakjes gesneden (of naar smaak)
- 2 (7-ounce) blikjes witte tonijn (Albacore), met water gevuld, uitgelekt en in vlokken

DRESSING:
- 1/2 kop olijfolie of plantaardige olie
- 1/4 kopje rode wijnazijn
- 3 teentjes knoflook, fijngehakt
- 4 theelepels mosterd in Dijon-stijl
- 1 theelepel zoutvrije kruidenkruiden
- 1 theelepel basilicumblaadjes (vers of gedroogd)
- 1/4 theelepel peper

INSTRUCTIES:
a) Bereid pasta zoals aangegeven op de verpakking.
b) Terwijl de pasta kookt, snijdt u de groenten en olijven en combineert u deze met tonijn in een grote kom.
c) Meng olie, azijn, knoflook, mosterd, kruidenkruiden, basilicum en peper.
d) Nadat de pasta klaar is, giet je deze af en doe je deze in de grote kom met groenten.
e) Giet de dressing over de pasta en roer goed door elkaar.
f) Dek af en laat afkoelen tot de smaken samensmelten (ongeveer 1-2 uur, langer voor een betere smaak).
g) Roer af en toe terwijl het afkoelt, serveer en geniet ervan!

37.Ringnoedel en Spaanse peper-tonijnsalade

INGREDIËNTEN:
- 1 doos kleine ringnoedels
- 1 pot Spaanse peper (gehakt)
- 1/2 kop gehakte selderij
- 1/2 kop groene uien (klein gesneden)
- 1 blik witte tonijn (uitgelekt)
- 1 kopje mayonaise

INSTRUCTIES:

a) Kook kleine ringnoedels in gezouten water tot ze gaar zijn. Giet af en spoel af met koud water tot het afgekoeld is.

b) Meng met gehakte Spaanse peper, selderij, groene uien, uitgelekte tonijn en mayonaise.

c) Zet in de koelkast en serveer op een romaine blad. Ideaal voor een zomerse lunch.

38. Klop de tonijnsalade

INGREDIËNTEN:
- 2 blikjes witte tonijn in water
- 3/4 kopje kwark met grote kwark (je kunt magere kaas gebruiken)
- 1 theelepel dille
- 1 theelepel suiker (optioneel)
- 1 eetlepel Miracle Whip
- Zout en peper naar smaak

INSTRUCTIES:
a) Combineer alle ingrediënten in een kom.
b) Meng goed en eet.
c) Kan zo gegeten worden of op sandwiches. Kan worden genoten op stevig dik gesneden graanbrood of met volkoren crackers.

39.Macaroni Tonijnsalade

INGREDIËNTEN:

- 12 ons ingeblikte, met water gevulde witte tonijn, uitgelekt en in vlokken
- 8-ounce pakket macaroni met kleine schaal
- 2 hardgekookte eieren, fijngehakt
- 1/4 kopje groene of rode paprika, gehakt
- 2 stengels bleekselderij, gehakt
- 1 bosje groene uien, gehakt
- 1 kopje bevroren groene erwten, gekookt en gekoeld
- 3/4 kop mayonaise
- 2 eetlepels augurksaus
- 1 theelepel zout
- 1 theelepel versgemalen zwarte peper

INSTRUCTIES:

a) Kook de macaroni volgens de aanwijzingen op de verpakking, giet af en spoel af met koud water.

b) Laat macaroni afkoelen en voeg dan tonijn, eieren, paprika, selderij, uien en erwten toe. Goed mengen.

c) Meng in een kleine kom mayonaise, augurksaus, zout en peper.

d) Voeg het mayonaisemengsel toe aan de macaroni en meng goed.

e) Zet het enkele uren in de koelkast voordat u het serveert.

40. Naakte sneeuwerwtentonijnsalade

INGREDIËNTEN:
- 12 oz Brok Witte witte tonijn
- 1/8 kop vers gesneden zoete erwten
- 1 middelgrote tak Verse selderijharten
- 1/2 kop groene ui
- 1 kopje peterselie
- 1/2 kopje jicama
- 1 theelepel gemalen komijn
- 1/4 theelepel kruiden, cayennepeper
- 1/4 theelepel zout
- 1/2 kop mayonaise

INSTRUCTIES:

a) Dop de erwten en snijd de bleekselderij, de groene ui en de jicama in fijne blokjes. Peterselie fijnhakken.

b) Giet de twee blikjes tonijn af, combineer en meng goed.

c) Laat een uur afkoelen voordat u het serveert.

d) Serveer met verse groenten of rol het op in een wrap. Kan gebruikt worden voor een warme tonijnwrap als je een paninipers hebt.

41. Neptunus Salade

INGREDIËNTEN:

- 12-14 oz. Witte tonijn, witte tonijn, uitgelekt
- 6 zongedroogde tomaten verpakt in olie, fijngehakt
- 2 eetlepels gehakte peterselie
- 1/2 kopje Marzetti® Balsamico Dressing, verdeeld
- 8 ons schoongemaakte gemengde saladegroenten
- 1/2 Engelse komkommer, gehalveerd en in plakjes van 1/4 inch gesneden
- 2 rijpe tomaten, elk in 6 partjes gesneden
- 1 kopje Texas toast zeezout en peper Croutons®

INSTRUCTIES:

a) Meng tonijn, zongedroogde tomaten, peterselie en 2 eetlepels Marzetti® Balsamico Dressing in een middelgrote mengkom.

b) Combineer groene salades, komkommer en tomaten in een serveerschaal. Meng met de overgebleven Marzetti® Balsamico Dressing.

c) Schep het tonijnmengsel over de greens en bestrooi met Texas Toast Sea Salt & Pepper Croutons.

d) Dienen.

42. Romige paprika- en tomatentonijnsalade

INGREDIËNTEN:
- 2 grote blikken witte witte tonijn verpakt in water, uitgelekt
- 1/4 kalamata-olijven zonder pit, uitgelekt en gehakt OF 1/4 Spaanse koninginnenolijven, uitgelekt en in plakjes gesneden
- 1/2 rode paprika, zonder zaadjes en fijngehakt (of geroosterde rode paprika's)
- 2 eetlepels kappertjes, uitgelekt
- 1/4 rode ui, in blokjes gesneden
- 2 romatomaten, in stukjes gesneden
- Sap van een schijfje citroen
- Mayonaise
- 2 theelepels Dijonmosterd
- Vers gemalen zwarte peper
- Een paar shakes Old Bay-kruiden

INSTRUCTIES:
a) Combineer alle ingrediënten behalve mayonaise in een grote mengkom.
b) Voeg een beetje mayo per keer toe totdat het de gewenste consistentie heeft bereikt; het is gemakkelijker toe te voegen dan weg te nemen.
c) Chill tot het serveren.
d) Serveer op knapperig stokbrood met cheddarkaas of op groene bladsla.
e) Zout is niet nodig, want het haalt voldoende uit de olijven en kappertjes.
f) Gebruiker

43. Olio Di Oliva Tonijnsalade

INGREDIËNTEN:
- 1 blikje Albacore Tonijn van 5 ounce verpakt in water
- 1/4 kop in blokjes gesneden tomaat
- 1/4 kopje in blokjes gesneden selderij
- 1/8 kopje in blokjes gesneden Kalamata-olijven
- 1 theelepel kappertjes
- 1/4 theelepel droge basilicum
- 1/4 theelepel droge oregano
- 1/4 theelepel droge peterselie
- 1 eetlepel olijfolie
- 1 1/2 el rode wijnazijn
- Zout en gemalen peper naar smaak
- 2 theelepel pijnboompitten (optioneel)

INSTRUCTIES:
a) Laat de tonijn uit blik goed uitlekken.
b) Doe het in een kom en voeg de overige ingrediënten toe.
c) Schud voorzichtig om te mengen.
d) Chill of eet onmiddellijk.

44.Tonijn Tortellini Salade

INGREDIËNTEN:
- 1 (19-oz.) pakket bevroren kaastortellini
- 1 blikje witte tonijn, afgespoeld en goed uitgelekt
- 1/4 kop gesneden groene olijven
- 1/4 kopje gesneden zwarte olijven
- 1/4 kopje in blokjes gesneden rode paprika
- 2 eetlepels gehakte zoete ui
- 2 eetlepels gehakte verse peterselie
- 2 eetlepels mayonaise
- 1 eetlepel rode wijnazijn
- 1 theelepel Provençaalse kruiden (of 1 theelepel gedroogde Italiaanse kruiden)
- 1/4 kopje canola-olie
- Zout naar smaak
- Garnering: takjes verse peterselie

INSTRUCTIES:
a) Kook tortellini volgens de aanwijzingen op de verpakking; droogleggen. Dompel het in ijswater om het kookproces te stoppen; laat uitlekken en doe het in een grote kom.

b) Roer de tonijn en de volgende 5 ingrediënten erdoor.

c) Meng de mayonaise, rode wijnazijn en Provençaalse kruiden door elkaar. Voeg de olie toe in een langzame, gestage stroom en blijf voortdurend kloppen tot een gladde massa.

d) Giet het tortellinimengsel erover en roer om. Roer zout naar smaak erdoor.

e) Dek af en laat minimaal 25 minuten afkoelen. Garneer, indien gewenst.

45.Tonijnvissalade uit Uptown

INGREDIËNTEN:
- 2 blikjes tongol of witte tonijn
- 1 middelgrote ui, gehakt
- 2 stengels bleekselderij, in blokjes van 1/4 inch gesneden
- 1 ei, losgeklopt
- 2 eetlepels roomsherry
- 1 theelepel cajunkruiden
- Olijfoliemayonaise naar smaak
- 1 el in blokjes gesneden Spaanse peper, uitgelekt
- Extra vergine olijfolie
- Balsamico azijn
- 8-10 oz wilde rucola, gespoeld

INSTRUCTIES:

a) Fruit de ui in een kleine pan in een beetje olijfolie tot hij zacht begint te worden.

b) Voeg de bleekselderij toe en blijf sauteren tot de ui volledig zacht en lichtbruin is.

c) Voeg het losgeklopte ei toe en blijf koken, al roerend tot het ei gaar is. Haal de warmte weg.

d) Giet de tonijn grondig af en doe hem in een middelgrote kom. Voeg 2 eetlepels olijfolie, sherry, Spaanse peper en Cajunkruiden toe en meng.

e) Voeg mayonaise toe tot het gewenste romigheidsniveau, maar minimaal 2 el. Combineer met het ei-uienmengsel.

f) Verdeel de rucola over 4 aperitiefborden. Besprenkel met azijn en olijfolie. Leg op elk een klodder tonijnsalade.

ANDERE INGEblikte TONIJNSALADES

46. Zongedroogde tomaat en tonijnsalade

INGREDIËNTEN:
- 10 zongedroogde tomaten, zacht en in blokjes gesneden
- extra vergine olijfolie, 2 eetlepels
- citroensap, ½ eetlepel
- 1 teentje knoflook, fijngehakt
- fijngehakte peterselie, 3 eetlepels
- 2 (5 oz) blikjes tonijn, in vlokken
- 2 ribben bleekselderij, fijngesneden
- Snufje natriumarm zout en peper

INSTRUCTIES:
a) Meng de in blokjes gesneden bleekselderij, tomaten, extra vergine olijfolie, knoflook, peterselie en citroensap met de tonijn.
b) Breng op smaak met peper en natriumarm zout.

47. Italiaanse tonijnsalade

INGREDIËNTEN:
- 10 zongedroogde tomaten
- 2 (5 oz) blikjes tonijn
- 1-2 ribben bleekselderij, fijngesneden
- 2 Eetlepels extra vergine olijfolie
- 1 teentje knoflook, fijngehakt
- 3 Eetlepels fijngehakte peterselie
- 1/2 eetlepel citroensap
- Snufje natriumarm zout en peper

INSTRUCTIES:

a) Bereid de zongedroogde tomaten door ze in warm water gedurende 30 minuten zacht te laten worden. Dep vervolgens de tomaten droog en snij ze fijn.

b) Schil de tonijn.

c) Meng de tonijn met gehakte tomaten, selderij, extra vergine olijfolie, knoflook, peterselie en citroensap. Voeg natriumarm zout en peper toe.

48.Aziatische tonijnsalade

INGREDIËNTEN:
- 2 blikjes tonijn, uitgelekt
- ½ kopje geraspte rode kool
- 1 grote geraspte wortel
- 1 teentje knoflook, fijngehakt
- 1 theelepel rode chilivlokken (optioneel)
- 1 theelepel gember, geraspt
- 1 theelepel geroosterde sesamolie
- 2 Eetlepels olijfolie
- 3 Eetlepels rijstazijn
- 1 theelepel suiker
- 2 Eetlepels gehakte verse koriander
- 1 lente-uitje, gehakt
- Zout en zwarte peper naar smaak

INSTRUCTIES:
a) Voeg alle ingrediënten toe in een slakom en meng goed.
b) Serveer met brood of op slacups.

49. Romeinse tonijnsalade

INGREDIËNTEN:
- 1 Eetlepel citroensap
- 2 ribben bleekselderij, fijngesneden
- 1 teentje knoflook, fijngehakt
- 3 Eetlepels peterselie
- 2 Eetlepels extra vergine olijfolie
- 10 zongedroogde tomaten , vaak in warm water geplukt en in stukjes gesneden
- 10 oz. blikje tonijn, in vlokken
- Snufje natriumarm zout en peper

INSTRUCTIES:
a) Gooi alles in een mengkom.
b) Genieten.

50.Tonijnsalade met weinig koolhydraten

INGREDIËNTEN:
- 10 zongedroogde tomaten , zacht en in blokjes gesneden
- 2 (5 oz) blikjes tonijn , in vlokken
- 1-2 ribben bleekselderij, fijngesneden
- 2 Eetlepels extra vergine olijfolie
- 1 teentje knoflook, fijngehakt
- 3 Eetlepels fijngehakte peterselie
- ½ Eetlepel citroensap
- Snufje natriumarm zout en peper

INSTRUCTIES:

a) Meng de tonijn met gehakte tomaten, selderij, extra vergine olijfolie, knoflook, peterselie en citroensap.

b) Voeg natriumarm zout en peper toe.

51.Tonijnsalade maaltijdbereiding

INGREDIËNTEN:
- 2 grote eieren
- 2 (5-ounce) blikjes tonijn in water, uitgelekt en in vlokken
- ½ kopje magere Griekse yoghurt
- ¼ kopje in blokjes gesneden selderij
- ¼ kopje in blokjes gesneden rode ui
- 1 eetlepel Dijon-mosterd
- 1 eetlepel zoete augurksaus (optioneel)
- 1 theelepel vers geperst citroensap, of meer naar smaak
- ¼ theelepel knoflookpoeder
- Kosjer zout en versgemalen zwarte peper, naar smaak
- 4 Bibb-slablaadjes
- ½ kopje rauwe amandelen
- 1 komkommer, in plakjes gesneden
- 1 appel, in plakjes gesneden

INSTRUCTIES:
a) Doe de eieren in een grote pan en bedek ze met koud water tot 2,5 cm. Breng aan de kook en kook gedurende 1 minuut. Bedek de pot met een goed sluitend deksel en haal van het vuur; laat 8 tot 10 minuten zitten. Laat goed uitlekken en afkoelen alvorens te schillen en halveren.
b) Meng in een middelgrote kom de tonijn, yoghurt, selderij, ui, mosterd, saus, citroensap en knoflookpoeder; breng op smaak met peper en zout.
c) Verdeel de slablaadjes in maaltijdbereidingscontainers. Bestrijk met het tonijnmengsel en voeg de eieren, amandelen, komkommer en appel apart. In de koelkast 3 tot 4 dagen houdbaar.

52.Kiwi- en tonijnsalade

INGREDIËNTEN:
- 1 blikje tonijn, uitgelekt
- 2 kiwi's, geschild en in plakjes gesneden
- 1 kleine rode ui, in dunne plakjes gesneden
- 2 eetlepels olijfolie
- 1 eetlepel balsamicoazijn
- Zout en peper naar smaak
- Gemengde slablaadjes

INSTRUCTIES:
a) Meng in een kleine kom de olijfolie en balsamicoazijn tot de dressing.
b) Meng in een grote kom de tonijn, kiwi's, rode ui en gemengde slablaadjes.
c) Giet de dressing over de salade en schep om.
d) Breng op smaak met zout en peper.

53.Antipasto tonijnsalade

INGREDIËNTEN:
- 1/2 kopje yoghurt
- 1/3 kopje mayonaise
- 1/4 kopje gehakte basilicum
- 1/4 theelepel peper
- 1/2 Engelse komkommer
- 1 paprika
- 2 kopjes kerstomaatjes; gehalveerd
- 1 1/2 kopjes bocconcini-parels
- 1/2 kopje groene olijven met Spaanse peper
- 2 eetlepels uitgelekte en gehakte ingelegde hete pepers
- 2 blikjes tonijn, uitgelekt
- Groene salades

INSTRUCTIES:
a) Meng yoghurt, mayonaise, basilicum en peper in een grote kom.
b) Meng grondig.
c) Voeg komkommer, paprika, tomaten, bocconcini, olijven en hete pepers toe.
d) Gooi om te coaten.
e) Roer er met een vork voorzichtig de tonijn door en laat het in hapklare stukjes achter.
f) Serveer bovenop de greens.

54. Artisjok en rijpe olijventonijnsalade

INGREDIËNTEN:
- 2 blikjes lichte tonijn, uitgelekt en in vlokken
- 1 kopje gehakte artisjokharten uit blik
- 1/4 kopje gesneden olijven
- 1/4 kopje gehakte lente-uitjes
- 1/3 kop mayonaise
- 3 teentjes knoflook, fijngehakt
- 2 theelepels citroensap
- 1 1/2 theelepel gehakte verse oregano of 1/2 theelepel gedroogd

INSTRUCTIES:
a) Meng alle ingrediënten in een middelgrote kom.
b) Serveer op een bedje sla of spinazie met gesneden tomaten of gebruik om uitgeholde tomaten of bladerdeegschalen te vullen.

55.Ring Macaroni Tonijnsalade

INGREDIËNTEN:
- 1 (7 ounce) ringmacaroni, bereid zoals aangegeven op de doos
- 1 (8 1/2 ounce) blik Le Sueur begin juni erwten, uitgelekt (of 1 kopje Green Giant Select Le Sueur bevroren babyerwten, ontdooid)
- 1 kop bleekselderij, fijngesneden
- 2 (6-ounce) blikjes tonijn, uitgelekt
- 1/4 kop uien, fijngesneden
- 1 kopje Miracle Whip
- 1 theelepel zout (of minder, gebruik naar smaak)

INSTRUCTIES:
a) Meng alle ingrediënten voorzichtig door elkaar en zet het 2 tot 3 uur in de koelkast.

56.Avocadosalade Met Tonijn

INGREDIËNTEN:
- 2 hardgekookte eieren
- 1 avocado
- 1/2 eetl citroensap
- 8 ons tonijn
- 3 eetlepels mayonaise
- 1/2 kopje ui, gehakt
- 2 eetlepels dille-augurken, gehakt
- 2 theelepels vloeibare hete pepersaus
- 1 1/2 theelepel zout
- 1 sla, versnipperd

INSTRUCTIES:
a) Meng in een kom hardgekookte eieren met avocado besprenkeld met citroensap om verkleuring te voorkomen.
b) Pureer goed met een vork.
c) Meng tonijn (uitgelekt) in een serveerschaal met mayonaise, gehakte uien, gehakte dille-augurken, vloeibare hete pepersaus en zout.
d) Roer het eimengsel erdoor.
e) Serveer met geraspte sla.

57.Barcelona Rijst Tonijnsalade

INGREDIËNTEN:
- 1/3 kopje olijfolie
- 1/2 kopje rode wijnazijn
- 1 teentje knoflook, fijngehakt
- 1/2 theelepel zout
- 1 eetlepel Dijon-mosterd
- 2 1/2 kopjes gekookte langkorrelige rijst
- 5-ounce blikje tonijn, uitgelekt
- 1/2 kopje gesneden groene olijven gevuld met Spaanse peper
- 1 rode paprika, zonder klokhuis, zonder zaadjes en in plakjes gesneden
- 1 middelgrote komkommer, geschild en gehakt
- 1 tomaat, gehakt
- 1/4 kop gehakte verse peterselie

INSTRUCTIES:

a) Meng olie, azijn, knoflook, zout en Dijon-mosterd in een kleine glazen kom.
b) Combineer de resterende ingrediënten behalve de peterselie, giet de dressing erbij en roer voorzichtig om te combineren.
c) Dek af en laat in de koelkast marineren, roer vervolgens de peterselie erdoor voordat je het serveert.

58.Koude tonijnpastasalade met Bowtie Mac

INGREDIËNTEN:
- 1 zak (32 ounce) grote vlinderdas macaroni
- 6 blikjes tonijn
- 1 bosje bleekselderij
- 1 kleine komkommer
- 1 rode ui
- 2 blikjes zwarte olijven
- 1 (10-12 ounce) pot dille-augurken
- Mayonaise (lichte mayonaise indien gewenst)
- Zout peper

INSTRUCTIES:
a) Kook macaroni volgens gebruiksaanwijzing.
b) Bereid tijdens het bereiden van macaroni andere ingrediënten voor.
c) Snijd de bleekselderij in plakjes, hak de augurken, ui, olijven en komkommer fijn.
d) Als de macaroni klaar is, doe je deze in een GROTE kom.
e) Begin met ongeveer de helft van de macaroni en voeg naar wens meer toe.
f) Meng de tonijn en de rest van de ingrediënten erdoor, samen met zout en peper.
g) Pas de mayonaise naar eigen smaak aan. Genieten!

59.Tonijnsalade met zwarte bonen

INGREDIËNTEN:

- 1 blikje tonijn, uitgelekt
- 1 blik zwarte bonen, uitgelekt (niet gespoeld)
- 1 tomaat, gehakt
- Tofu (optioneel, naar eigen goeddunken)
- 1 eetlepel (Alouette) knoflook & kruiden smeerbare kaas (zoals frischkäse of neufchatel)
- 1/4 kop zware room
- Gemengde groene salades
- Chili-oliedressing (optioneel)

INSTRUCTIES:

a) Doe de viskoekjes en de room in een kom.
b) Tonijn en zwarte bonen toevoegen. Meng licht.
c) Zet het mengsel ongeveer 2-3 minuten in de magnetron tot de viskoekjes zijn gesmolten. Roeren.
d) Leg de groene salades op een bord.
e) Schep een portie bonen en tonijn in het midden van de salade.
f) Strooi de tomaten erover en verdeel er wat tofu over.
g) Voeg indien gewenst dressing toe. (Probeer een zelfgemaakte chili-oliedressing met sesamolie, sojasaus, in blokjes gesneden geroosterde pepers. Roer en giet)
h) Genieten!

60.Bruine Rijst En Tonijnsalade

INGREDIËNTEN:

- 1 1/5 kopjes bruine rijst of andere langkorrelige rijst
- 1/2 kopje balsamicoazijn
- 250 gram komkommers, ongeschild, in blokjes van 1 cm gesneden
- 1/2 kop kleine radijsjes, gehalveerd
- 1 stengel bleekselderij, gehakt
- 60 gram baby-rucolablaadjes
- 450 gram tonijn in water, uitgelekt en in vlokken
- Peper naar smaak (geen zout, tonijn is al zout genoeg)

INSTRUCTIES:

a) Kook de rijst volgens de aanwijzingen op de verpakking, laat goed uitlekken en laat 10 minuten afkoelen.
b) Roer de balsamico door de rijst en laat 15 minuten staan.
c) Voeg alle andere ingrediënten toe aan de rijst, voeg peper naar smaak toe en roer om te combineren.
d) Serveer met of op sneetjes bruin brood.

61. Kikkererwten Tonijn Salade

INGREDIËNTEN:
DRESSING:
- 1 theelepel droge munt of meerdere vers gehakt
- 1/2 theelepel knoflookpoeder of gebruik vers naar smaak
- 1/4 theelepel gemalen kaneel
- 1/2 theelepel zout
- 1/3 kopje ciderazijn
- 1/4 kopje favoriete olie

GROENTEN:
- 1 kopje in blokjes gesneden of gesneden selderij (inclusief bovenste bladeren)
- 1/2 tot 1 hele in blokjes gesneden rode paprika
- 8 oz kan gesneden waterkastanjes, uitgelekt
- 15 oz blik kekerbonen (kikkererwten, ceci), uitgelekt en gespoeld
- 1 kopje dun julienned rode ui
- 1 grote tomaat, in blokjes gesneden
- Tonijn

INSTRUCTIES:
a) Voeg alle ingrediënten voor de dressing bij elkaar en klop goed door.
b) Doe alle groenten in een grote kom en giet de dressing erover.
c) Blijft goed in de koelkast en smaakt heerlijk als je het een paar uur laat marineren.
d) Leg ze op een bedje van groen/sla of serveer als frisse bijgerecht.
e) Voeg tonijnvlokken of gegrilde kip toe voor een hartigere variatie.

62.Gehakte Salade Met Tonijn

INGREDIËNTEN:
- 2 eetlepels witte wijnazijn
- 1/4 theelepel zout
- 1/8 theelepel versgemalen zwarte peper
- 1/4 kop extra vergine olijfolie
- 1 krop Romeinse sla, in stukken van 1 inch gesneden
- 1 blik kikkererwten, uitgelekt en afgespoeld
- 5-ounce blikje tonijn, uitgelekt en in vlokken
- 1/2 kopje zwarte olijven, ontpit en in stukjes gesneden
- 1/2 rode ui, in stukjes van 1/4 inch gesneden
- 2 kopjes verse gekrulde peterselie, grof gehakt

INSTRUCTIES:
a) Doe de azijn in een grote slakom.
b) Voeg zout en peper toe.
c) Voeg langzaam de olie toe in een gestage stroom en zwaai om te emulgeren.
d) Voeg de resterende ingrediënten toe aan de kom en meng goed om te combineren.

63.Klassieke Salade Nicoise met Tonijn

INGREDIËNTEN:
- 115 g sperziebonen (schoongemaakt en gehalveerd)
- 115 g gemengde slablaadjes
- 1/2 kleine komkommer (in dunne plakjes gesneden)
- 4 rijpe tomaten (in vieren)
- 50 g ansjovis uit blik (uitgelekt) - optioneel
- 4 eieren (hardgekookt en in vieren OF gepocheerd)
- 1 klein blikje tonijn in pekel
- Zout en gemalen zwarte peper
- 50 g kleine zwarte olijven - optioneel

DRESSING:
- 4 eetlepels extra vergine olijfolie
- 2 teentjes knoflook (geplet)
- 1 eetl witte wijnazijn

INSTRUCTIES:
a) Klop voor de dressing de laatste 3 ingrediënten door elkaar, breng op smaak met zout en zwarte peper en zet opzij.
b) Kook de sperziebonen ongeveer 2 minuten (blancheren) of tot ze licht gaar zijn en laat ze uitlekken.
c) Meng in een grote kom slablaadjes, komkommer, tomaten, sperziebonen, ansjovis, olijven en dressing door elkaar.
d) Werk af met de in vieren gesneden ei(en) en de tonijnvlokken (zodat hij zijn vorm niet verliest).
e) Serveer onmiddellijk en geniet ervan!

64.Couscous-kikkererwten-tonijnsalade

INGREDIËNTEN:
- 2 theelepel olie
- 1 bakje kerstomaatjes, gehalveerd
- 1 kopje couscous
- 1 kopje water, gekookt
- 80 g babyspinazie
- 400 g uitgelekte kikkererwten
- 185 g tonijn in olie, uitgelekt en in vlokken
- 90 g fetakaas, verkruimeld
- 1/3 kop ontpitte Kalamata-olijven, in plakjes gesneden

DRESSING:
- 2 eetlepels olijfolie
- 1 eetl balsamicoazijn
- 2 eetlepels ahornsiroop

INSTRUCTIES:
a) Verhit olie in een middelgrote koekenpan op hoog vuur. Voeg de tomaten toe, kook 1-2 minuten tot ze gaar zijn en doe ze dan op een bord.
b) Doe de couscous in een grote kom, bedek met water en zet ongeveer 5 minuten opzij totdat de vloeistof is opgenomen. Roer los met een vork.
c) Dressing: Meng alle ingrediënten in een kom en breng op smaak.
d) Meng de spinazie, kikkererwten, tonijn, feta en olijven door de couscous, samen met de tomaten en de dressing.
e) Serveer met knapperig brood. Genieten!

65. Salade van tonijn, ananas en mandarijnen

INGREDIËNTEN:
- 20-ounce blikje ananasschijfjes, bewaar 2 eetlepels sap
- 7-ounce blikje witte tonijn, uitgelekt
- 11-ounce blikje mandarijnen, uitgelekt
- 1 middelgrote komkommer, geschild en in blokjes gesneden
- 1/4 kop gehakte groene ui
- Slablaadjes om borden te garneren
- 1 kopje mayonaise
- 1 eetl citroensap

INSTRUCTIES:
a) Giet de ananasplakken af, bewaar 2 eetl. voor de aankleding.
b) Verdeel de grote stukken tonijn in een middelgrote kom en meng ze met de stukjes sinaasappel, komkommer en groene ui.
c) Bekleed 5 saladeborden met slablaadjes.
d) Schep het tonijnmengsel over de sla op borden.
e) Beleg elk bord met 2 plakjes ananas.
f) Meng voor de dressing 2 eetl. ananassap met de mayonaise en het citroensap.
g) Druppel de dressing over elke portie salade en serveer onmiddellijk.

66.Verse Tonijn En Olijvensalade

INGREDIËNTEN:
- 1/2 kopje in blokjes gesneden selderij
- 1/2 kopje in blokjes gesneden Spaanse ui
- 1/4 kop in blokjes gesneden wortel
- 1/2 laurierblad
- 1/2 kopje droge witte wijn
- 2 partjes citroen
- 1 takje verse marjolein
- 1 takje verse tijm
- 1 pond verse tonijn zonder vel, getrimd
- 1/4 kopje in blokjes gesneden rode paprika
- 1/4 kopje gesneden ontpitte, gedroogde zwarte olijven
- 3 eetlepels olijfolie
- 2 eetlepels gehakte verse bladpeterselieblaadjes
- 1 1/2 eetlepel vers geperst citroensap
- 1 theelepel hete saus
- Zout en versgemalen zwarte peper

INSTRUCTIES:

a) Meng in een middelgrote pan 1/4 kopje bleekselderij, 1/4 kopje ui, wortel, laurier, witte wijn, partjes citroen, marjolein, tijm en 1 1/2 kopje water. Breng aan de kook, zet het vuur lager en laat het 5 minuten sudderen.

b) Laat de tonijn voorzichtig in de vloeistof zakken en pocheer tot hij net gaar is, ongeveer 12 tot 15 minuten. Haal de tonijn eruit en zet hem opzij om af te koelen. Eenmaal afgekoeld, breek het in grote vlokken.

c) Giet het kookvocht door een fijne zeef in een andere pan. Gooi de vaste stoffen weg. Breng de gezeefde vloeistof aan de kook, verminder het tot 1/4 kopje en bijna stroperig (10 tot 15 minuten). Haal van het vuur en laat afkoelen.

d) Meng in een grote kom de tonijn, de resterende 1/4 kop ui, rode paprika, olijven, olijfolie, peterselie, citroensap, hete saus en 2 eetlepels van het ingekookte kookvocht. Gooi het resterende kookvocht weg.

e) Meng voorzichtig maar grondig en breng op smaak met zout en peper.

f) Gebruik als broodbeleg of als saladecomponent.

67.Tonijn Avocado Champignon En Mango Salade

INGREDIËNTEN:
- Serena tonijn blikjes (portie is afhankelijk van het aantal personen)
- Boter sla
- Paddestoelen
- Cherry-tomaten
- Suikermaïs (blikje)
- Libanese komkommer
- Mango's in blik
- Franse dressing

INSTRUCTIES:
a) Was alle producten en snij/scheur de sla in hapklare stukjes.
b) Snijd de overige ingrediënten naar wens.
c) Stel de salade samen door de sla in de kom te doen, de tonijn gelijkmatig toe te voegen, vervolgens de tomaten, champignons, komkommers en mango's in laagjes te leggen en de dressing erover te sprenkelen.
d) U hoeft niet meteen te gooien of te mixen, te serveren of te eten. Genieten!

68. Griekse bieten- en aardappelsalade

INGREDIËNTEN:

- 1/4 kopje slaolie
- 2 eetlepels goede wijnazijn of een mengsel van azijn en citroensap
- 1/4 theelepel droge mosterd
- Vers gemalen peper
- 4 kopjes in blokjes gesneden warmgekookte aardappelen
- 2 kopjes in blokjes gesneden gekookte of ingeblikte bieten
- 1 middelgrote Bermuda-ui, fijngesneden
- 1 eetlepel gehakte kappertjes
- 1/4 kop gehakte dille-augurk
- 1/2 kop rijpe olijven, in grote stukken gesneden
- 1 1/2 kopjes groene erwten, sperziebonen of vlokken tonijn of zalm uit blik (naar keuze)
- Garnering (optioneel): ansjovis, groene of zwarte olijven, takjes peterselie

INSTRUCTIES:

a) Combineer de eerste vier ingrediënten in een pot met schroefdop en schud krachtig om te mengen.
b) Giet over de bieten, aardappelen, ui en erwten. Meng, dek af en zet een nacht in de koelkast.
c) Voeg kort voor het serveren uw keuze uit erwten, bonen, tonijn of zalm toe.

69. Tonijnsalade op Griekse wijze

INGREDIËNTEN:
- 1 kop orzo, ongekookt
- 1 (6 1/8) blik witte tonijn, uitgelekt en in vlokken
- 2 kopjes gehakte tomaat
- 1/2 kopje verkruimelde fetakaas
- 1/4 kop gehakte paarse ui
- 3 eetlepels gesneden rijpe olijven
- 1/2 kopje rode wijnazijn
- 2 eetlepels water
- 2 eetlepels olijfolie
- 1 teentje knoflook, fijngehakt
- 1/2 theelepel gedroogde basilicum
- 1/2 theelepel gedroogde oregano
- Groene bladsla (optioneel)

INSTRUCTIES:

a) Kook orzo volgens de aanwijzingen op de verpakking; afgieten, afspoelen met koud water en nogmaals laten uitlekken.

b) Combineer orzo, tonijn, tomaat, feta, ui en olijven in een grote kom. Zachtjes gooien.

c) Combineer azijn, water, olijfolie, knoflook, basilicum en oregano in de container van een elektrische blender. Dek af en verwerk tot een gladde massa, giet het pastamengsel erover en roer voorzichtig.

d) Dek af en laat grondig afkoelen. Serveer indien gewenst op slablaadjes.

70.Macaronisalade in Hawaïaanse stijl

INGREDIËNTEN:
- 1 doosje macaroni naar keuze
- 6 gekookte eieren
- 1 geraspte wortel
- Extra toevoegingen naar wens (uien, olijven, tonijn, diepgevroren kleine erwten, fijngehakte selderij, gekookte garnalen ter grootte van een salade)
- Dressing: 1 kopje mayonaise of meer, 2 eetlepels water, 1/2 tl rijstazijn, zout en peper naar smaak, 1/2 tl kerriepoeder (optioneel), 1/2 tl paprika (optioneel), 2 eetlepels melk (optioneel), 1 eetlepel suiker (optioneel)

INSTRUCTIES:
a) Kook de macaroni volgens de aanwijzingen op de verpakking, spoel af en laat afkoelen.
b) Hak de gekookte eieren fijn en voeg ze toe aan de macaroni. Voeg geraspte wortel en eventuele extra toevoegingen toe.
c) Meng alle dressingingrediënten door elkaar. Pas indien nodig mayonaise of water aan.
d) Meng de dressing met het macaronimengsel, bewaar gekoeld en serveer.

71.Gezonde broccoli-tonijnsalade

INGREDIËNTEN:
- 1 krop broccoli
- 1 pakje tonijn
- 1 blik kikkererwten
- Handvol druiventomaatjes
- Halve rode ui
- Olijfolie
- Citroensap
- Zout peper

INSTRUCTIES:
a) Was de broccoli en snijd hem in hapklare speren.
b) Spoel de kikkererwten af, laat de tonijn uitlekken en halveer de tomaten.
c) Snij de rode ui in kleine stukjes.
d) Meng alle ingrediënten door elkaar en voeg vervolgens olijfolie en citroensap toe om de salade te bedekken.
e) Voeg zout/peper naar smaak toe. Genieten!

72.Gemengde bonen- en tonijnsalade

INGREDIËNTEN:
- 1 blik Great Northern bonen
- 1 kan sperziebonen snijden
- 1 blik Garbanzo-bonen
- 1 blik rode kidneybonen
- 2 blikjes tonijn, verpakt in water, uitgelekt
- 1 middelgrote zoete ui, grof gesneden
- 1/2 kop gehakte oranje of gele paprika
- 2/3 kopje azijn
- 1/2 kopje slaolie
- 1/4 kop Splenda of suiker
- 1 theelepel selderiezaad

INSTRUCTIES:
a) Spoel alle bonen goed af en doe ze in een grote kom met de gehakte uien, tonijn en gehakte peper.
b) Meng azijn, plantaardige olie, suiker en selderijzaad. Giet over de groenten en schep lichtjes om.
c) Dek af en laat het acht uur of een nacht in de koelkast staan, af en toe roeren om de smaken te laten versmelten.

73.Italiaanse Antipasto Saladekom

INGREDIËNTEN:
- 6 ons artisjokharten
- 8-3/4 ounce blik kekerbonen, uitgelekt
- 8-3/4 ounce kan rode bruine bonen, uitgelekt
- 6-1/2 ounce kan tonijn in water aansteken, uitgelekt en in vlokken
- 1/2 zoete rode ui, in dunne plakjes gesneden
- 3 eetlepels Italiaanse saladedressing
- 1/2 kop bleekselderij, in dunne plakjes gesneden
- 6 kopjes gemengde sla
- 2 ons ansjovis, uitgelekt
- 3 ons droge salami, in dunne reepjes gesneden
- 2 ons Fontina-kaas, in blokjes gesneden
- Ingelegde rode en groene paprika's voor garnering

INSTRUCTIES:
a) Meng artisjok en marinade met bonen, tonijn, ui en 2 eetlepels dressing uit een flesje.
b) Dek af en zet 1 uur of langer in de koelkast om de smaken te mengen.
c) Meng het gemarineerde mengsel in een grote slakom lichtjes met selderij en groene salades.
d) Meng indien nodig nog een beetje dressing uit een flesje.
e) Verdeel de ansjovis, salami en kaas erover en garneer met paprika. Serveer onmiddellijk.

74. Japanse Harusume-salade van tonijn

INGREDIËNTEN:
- 50 g Harusume-noedels (bonendraadnoedels/glasvermicelli of rijstvermicelli)
- 1 Kleine tonijn uit blik
- 1/2 Kleine komkommer (in dunne plakjes gesneden)
- 1 theelepel Japanse ingelegde gember (optioneel)
- Zeewierreepjes (optioneel)
- Lente-ui/lente-ui/groene ui (optioneel)
- Sesamzaad (optioneel)
- Saus: 1 tl sesamolie, 2 tl lichte sojasaus/tamari, 1 tl mirin, zout naar smaak

INSTRUCTIES:
a) Week de noedels in gekookt water of heet water tot ze doorschijnend zijn (3-4 minuten of 15 minuten).
b) Strooi zout over de plakjes komkommer en zet opzij.
c) Spoel de noedels af onder koud water en laat ze uitlekken. Verdeel de tonijn uit blik over de noedels.
d) Voeg plakjes komkommer toe (en indien gewenst ingelegde gember).
e) Giet de saus over de noedels, breng op smaak met zout en peper en roer tot alles bedekt is.
f) Garneer met zeewierreepjes, gesneden lente-uitjes en sesamzaadjes.
g) Serveer onmiddellijk.

75. Tonijn-ansjovissalade Nicoise

INGREDIËNTEN:
- 8 kleine rode aardappelen (gekookt)
- 2 pond sperziebonen (geblancheerd)
- 10 ovale kerstomaatjes
- 1 kleine paarse ui (in dunne plakjes gesneden)
- 1/2 kopje olijven (ontpit)
- 6 hardgekookte eieren (in vieren)
- 2 blikjes witte tonijn van 12 oz (verpakt in olie)
- 2 oz ansjovisfilets (optioneel)
- Dressing: 1 eetlepel Dijon-mosterd, 4 eetlepels rode wijnazijn, 1/2 kopje olijfolie, 1 theelepel suiker, 1/2 theelepel zout, 1/2 theelepel peper, 1/4 kopje fijngehakte platte peterselie

INSTRUCTIES:
a) Kook de aardappelen, snij ze in vieren als ze afgekoeld zijn. Kook en kwart eieren. Blancheer de bonen en laat afkoelen.

b) Klop de mosterd en azijn tot een gladde massa. Voeg olijfolie toe in een langzame stroom en klop tot het dikker wordt. Voeg suiker, zout, peper en gehakte peterselie toe.

c) Meng de salade door elkaar, giet het grootste deel van de dressing erbij, verdeel de eieren rond de schaal, de tonijn in het midden en besprenkel de resterende dressing over de tonijn en de eieren.

76.Overgebleven Mac-salade voor tonijnlunch

INGREDIËNTEN:
- 1 qt overgebleven macaronisalade (verwijder eventuele sla)
- 1 blikje tonijn
- 1 kopje water
- 1/2 pakje kaas in poedervorm
- Peper
- Gekruid zout

INSTRUCTIES:
a) Water koken.
b) Tonijn toevoegen.
c) Voeg de macaronisalade toe en roer goed. Breng opnieuw aan de kook.
d) Voeg 1/2 pakje kaas toe.
e) Breng op smaak met peper en gekruid zout.
f) Genieten!

77. Salade van gekookt ei en tonijn

INGREDIËNTEN:
- 2 pakjes tonijn
- 2 hardgekookte eieren
- 3 eetlepels mayonaise
- 1/2 eetl ranchdressing
- 1/2 eetlepel Franse uienchipsdip
- 1/2 eetlepel saus (gehakt)
- Snufje spekblokjes
- Scheutje knoflookpoeder
- Een scheutje Cajun-kruiden
- Een vleugje peper

INSTRUCTIES:
a) Roer alle ingrediënten door elkaar in een kom.
b) Laat het 30 minuten afkoelen voor de beste smaak en consistentie.
c) Geniet ervan, alleen of op geroosterd brood.

78.Mediterrane tonijn antipastosalade

INGREDIËNTEN:
- 1 blik bonen (kikkererwten, erwten met zwarte ogen of cannellinibonen), gespoeld
- 2 blikjes of pakjes met water gevulde stukjes lichte tonijn, uitgelekt en in vlokken
- 1 grote rode paprika, fijngesneden
- 1/2 kop fijngehakte rode ui
- 1/2 kop gehakte verse peterselie, verdeeld
- 4 theelepels kappertjes, afgespoeld
- 1 1/2 theelepel fijngehakte verse rozemarijn
- 1/2 kopje citroensap, verdeeld
- 4 eetlepels extra vergine olijfolie, verdeeld
- Versgemalen peper naar smaak
- 1/4 theelepel zout
- 8 kopjes gemengde saladegroenten

INSTRUCTIES:
a) Combineer bonen, tonijn, paprika, ui, peterselie, kappertjes, rozemarijn, 1/4 kopje citroensap en 2 eetlepels olie in een middelgrote kom.
b) Breng op smaak met peper.
c) Combineer het resterende 1/4 kopje citroensap, 2 eetlepels olie en zout in een grote kom.
d) Voeg groene salades toe; gooi om te coaten.
e) Verdeel de groenten over 4 borden en beleg elk bord met de tonijnsalade.

79.Mediterrane Tonijnsalade

INGREDIËNTEN:
- Italiaanse tonijn verpakt in olijfolie (in bulk kopen bij Costco)
- Ongeveer een kopje gerst (al gekookt)
- Druiventomaatjes (gehakt)
- Kappertjes
- Zwarte gerimpelde olijven (ontpit en grof gehakt)
- Baby-rucola
- Citroensap
- Extra vergine olijfolie
- Zout
- Vers gekraakte zwarte peper

INSTRUCTIES:
a) Meng alle ingrediënten in een kom en roer voorzichtig.
b) Voeg van elk zo veel of zo weinig toe als u wilt, afhankelijk van uw persoonlijke voorkeur.
c) Serveer met een paar stukjes volkoren knäckebröd.

80. Geladen Nicoise-salade

INGREDIËNTEN:
- 1 krop Romeinse sla, in kleine stukjes gescheurd
- 1 krop Boston- of Bibb-sla
- 2 of 3 blikjes tonijn, uitgelekt
- 1 blikje artisjokharten, uitgelekt
- 1 kopje druiventomaten
- 6-8 groene uien, schoongemaakt
- 6-8 kleine nieuwe rode aardappelen, gestoomd, in de schil gelaten
- 1 blikje ansjovisfilets, geweekt in melk, drooggedept
- 3/4 pond verse sperziebonen, geblancheerd
- 4 hardgekookte eieren, in vieren
- 2 sjalotjes, fijngehakt
- 1 teentje knoflook, geperst
- 1,5 theelepel zout
- Verse gebarsten zwarte peper
- 2 eetlepels Dijon-mosterd
- 1/3 kopje rode wijnazijn
- 2/3 kopje milde extra vergine olijfolie
- 3 eetlepels kappertjes, uitgelekt (bewaard als garnering)

INSTRUCTIES:

a) Bereid de salade zoals aangegeven en zorg voor knapperige bonen en malse aardappelen.

b) Maak de saladedressing door sjalot, knoflook, mosterd, zout en peper met azijn te kloppen.

c) Voeg langzaam terwijl u klopt de olie toe.

d) Meng de gekookte, verwarmde aardappelen met 2 eetlepels bereide dressing.

e) Gooi de sperziebonen met een kleine eetlepel dressing.

f) Stel de salade samen, schik met sla, tonijn, eieren en meer. Besprenkel met dressing.

g) Garneer met kappertjes. Serveer met de overgebleven dressing ernaast.

81.Appel-, cranberry- en ei-tonijnsalade

INGREDIËNTEN:
- 2 kleine blikjes tonijn in water
- 3 grote eieren
- 1 kleine of 1/2 grote gele ui
- 2 zeer volle eetlepels zoete smaak
- 1 kleine Granny Smith-appel
- 3 eetlepels gedroogde veenbessen
- 3 eetlepels mayonaise
- 1 el pikante of bruine mosterd
- Zout en peper naar smaak
- 1 eetl. citroensap
- 1 theelepel peterselievlokken
- 1/4 theelepel paprikapoeder

INSTRUCTIES:

a) Kook eieren gedurende 10 minuten; afkoelen, schillen en in blokjes snijden.

b) Giet het tonijnwater af.

c) Doe de tonijn in een mengkom en breek het met een houten lepel, zodat er grote stukken ontstaan.

d) Schil de appel, verwijder het klokhuis, rasp hem op een grove rasp en doe hem in de kom.

e) Snij de ui fijn en doe deze in de kom.

f) Voeg de resterende ingrediënten toe en meng voorzichtig, zorg ervoor dat u ze niet pureert.

g) Laat het 10-15 minuten in de koelkast staan.

h) Serveer met vers brood of op een blaadje sla.

82.Pastasalade Met Gegrilde Tonijn En Tomaten

INGREDIËNTEN:
- 8 pruimtomaatjes, ongeveer 1 1/4 lb. totaal, in de lengte gehalveerd
- 2 eetl. plus 1/2 kopje olijfolie
- Zout en versgemalen peper, naar smaak
- 1 pond pastaschelpen
- 2 pond tonijnfilets, elk ongeveer 3/4 inch dik
- 1 kopje los verpakte verse basilicumblaadjes
- 3 eetl. rode wijnazijn
- 1 pond verse mozzarellakaas, in fijne blokjes gesneden
- 1/4 kop gehakte verse platte peterselie

INSTRUCTIES:

a) Verwarm een oven voor op 450 ° F. Bereid een heet vuur in een grill.
b) Leg de tomaten op een bakplaat en meng met 1 eetl. van de olijfolie. Schik ze met de zijkanten naar boven op het vel en breng op smaak met zout. Rooster tot ze gaar zijn, ongeveer 20 minuten. Laat afkoelen en snij dan kruiselings doormidden.
c) Breng ondertussen een grote pan, voor driekwart gevuld met gezouten water, op hoog vuur aan de kook. Voeg de pasta toe en kook tot hij al dente is (zacht maar stevig bij de beet), ongeveer 10 minuten. Giet af, spoel onder koud stromend water en laat opnieuw uitlekken. Opzij zetten.
d) Bestrijk beide zijden van de tonijnfilets met 1 eetl. van de olie. Goed op smaak brengen met zout en peper. Plaats op het grillrooster 10 tot 15 cm boven het vuur en gril tot het lichtbruin is, ongeveer 3 minuten. Draai en kook nog 3 tot 4 minuten voor medium, of tot het naar wens gaar is. Breng het over naar een snijplank, laat afkoelen en snij in blokjes van 3/4 inch.
e) Combineer de basilicumblaadjes en de resterende 1/2 kop olie in een keukenmachine of blender. Pulseer of mix tot een grove puree. Voeg de azijn toe en breng op smaak met zout en peper. Pulseer of mix tot alles gemengd is.
f) Meng in een grote kom de pasta, tomaten en eventuele opgehoopte sappen, tonijn, mozzarella, peterselie en basilicumdressing.
g) Zachtjes omscheppen en serveren. Serveert 8.

83. Pennesalade Met Drie Kruiden, Kappertjes En Tonijn

INGREDIËNTEN:
- 6-ounce blikje tonijn verpakt in olijfolie, uitgelekt
- 1-1/2 theelepel zout
- 1/2 pond pennepasta
- 2 eetlepels vers citroensap
- 2 eetlepels extra vergine olijfolie
- 1/2 theelepel versgemalen peper
- 1/4 kop gehakte verse platte peterselie
- 1/4 kop gehakte verse basilicum
- 1/4 kop gehakte verse koriander
- 2 theelepels kappertjes, afgespoeld en uitgelekt

INSTRUCTIES:
a) Doe de tonijn in een kleine kom, breek hem met een vork in vlokken en zet opzij.
b) Verhit een grote pan gevuld met water om te koken.
c) Voeg penne en 1 theelepel zout toe en kook tot het al dente is, ongeveer 12 minuten. Giet af en doe het in een grote serveerschaal.
d) Voeg het citroensap, de olijfolie, het resterende zout en de peper toe en roer alles door elkaar.
e) Voeg tonijn, peterselie, basilicum, koriander en kappertjes toe en meng voorzichtig.
f) Proef en breng op smaak, dek af en laat ongeveer 1 uur in de koelkast staan.
g) Serveer op kamertemperatuur.

84.Bonen-, bruine rijst- en tonijnsalade

INGREDIËNTEN:
- 1 blik rode kidneybonen
- 1 blik cannellinibonen
- 1 blikje goede waterrijke tonijn
- 1 1/2 kopjes of zo gekookte al dente bruine rijst, afgekoeld
- Sap van een halve grote citroen
- 2 eetlepels gehakte verse basilicum
- Zout en peper naar smaak

INSTRUCTIES:

a) Giet de bonen af en spoel ze af, meng met de uitgelekte tonijn in een middelgrote kom.

b) Voeg gekookte rijst toe.

c) Klop in een kleine schaal het citroensap, de basilicum, het zout en de peper door elkaar.

d) Besprenkel en meng om te coaten – verpletter de bonen niet!

e) En je bent klaar, mijn vriend.

85. Aardappelsalade Met Tonijn

INGREDIËNTEN:
- 5-6 aardappelen
- 1 blikje tonijn
- 1 kopje mayonaise
- 1 eetlepel olijfolie
- 2 eetlepels fijngesneden lente-ui en peterselie
- Citroensap (optioneel)
- Zout en zwarte peper naar smaak

INSTRUCTIES:

a) Spoel de aardappelen af en kook ze in water en zout.

b) Schil de gekookte aardappelen en snijd ze in kleine stukjes.

c) Doe de aardappelen in een kom en voeg de eerder uitgelekte tonijn toe.

d) Voeg de mayonaise, de olie, de ui, de peterselie, het citroensap, zout en peper naar smaak toe.

e) Meng alle ingrediënten goed, dek de kom af met plasticfolie en bewaar deze in de koelkast tot het serveren.

86.Ouderwetse tonijnsalade

INGREDIËNTEN:
- 1 12-oz blikje lichte tonijn; gekoeld, goed uitgelekt
- 1/4 kopje fijngesneden selderij
- 2 eetlepels fijngehakte lente-uitjes
- 1 eetlepel fijngesneden ui
- 2 eetlepels fijngesneden brood- en boter-augurken
- 1 eetlepel fijngesneden zoete augurken
- 1 fijngehakt hardgekookt ei
- 3 eetlepels mayonaise
- 1/3 theelepel grof gemalen mosterd
- 1 eetlepel brood- en boter-augurkensap
- 1 theelepel vers citroensap
- 1/4 theelepel selderijzout
- 1/8 theelepel versgemalen zwarte peper
- 1/8 theelepel gedroogde tijmblaadjes

INSTRUCTIES:

a) Laat de tonijn goed uitlekken en vlokken eventuele stukjes in de tonijn.

b) Snijd de bleekselderij, lente-ui, ui, brood- en boter-augurken en zoete augurken in blokjes en combineer tot ze goed gemengd zijn.

c) Meng het groentemengsel met de tonijnvlokken.

d) Voeg het in blokjes gesneden hardgekookte ei toe en roer het mengsel totdat alle toevoegingen gelijkmatig zijn verdeeld.

e) Meng alle overige ingrediënten voor de dressing in een kom. Proef en pas kruiden aan.

f) Spatel de dressing voorzichtig door de tonijn tot de salade goed gemengd en homogeen is.

g) Zet het goed afgedekt in de koelkast tot het klaar is voor gebruik in salades of sandwiches.

87. Risotto Rijstsalade Met Artisjokken, Erwten En Tonijn

INGREDIËNTEN:
- 1 kopje DeLallo Arborio-rijst
- 1 (5,6 ounce) blikje geïmporteerde Italiaanse tonijn verpakt in olijfolie, bewaar de olie
- 1 pot (12 ounce) DeLallo gemarineerde artisjokharten, in vieren (bewaar de vloeistof)
- 6 ons bevroren groene erwten, ontdooid
- Schil van 1 citroen
- 2 eetlepels gehakte basilicum
- Zout en peper

INSTRUCTIES:
a) Breng een grote pan gezouten water aan de kook en voeg de risotto toe. Roer en kook de rijst voor een al dente textuur, ongeveer 12 minuten.

b) Giet de rijst af in een vergiet en spoel af met koud water om het overtollige zetmeel te verwijderen. Laat het heel goed uitlekken en zet het opzij om af te koelen.

c) Eenmaal afgekoeld doe je de risotto in een grote mengkom. Roer de tonijn, artisjokken en erwten erdoor. Voeg voor de dressing zeker de olie van de tonijn en de marinade van de artisjokken toe.

d) Meng de citroenschil en verse basilicum erdoor. Zout en peper naar smaak.

e) Serveer koud.

88. Zoete en nootachtige tonijnsalade

INGREDIËNTEN:
- 2 eetlepels gehakte pecannoten, walnoten of amandelen
- 10 rode pitloze druiven, in vieren
- 2 eetlepels in blokjes gesneden rode ui
- 1 blikje tonijn
- 1/2 kop Miracle Whip of mayonaise

INSTRUCTIES:
a) Combineer alle ingrediënten en geniet ervan!

89. Tonijn Mac-salade

INGREDIËNTEN:
- 7 oz elleboog mac, gekookt, uitgelekt
- 1/2 kop gehakte selderij
- 1/4 kopje gehakte ui
- 1/4 kop gehakte groene paprika
- 1-1/2 kopjes bevroren gemengde erwten en wortels, ontdooid
- 1 eetlepel dille-augurkensap
- 1-1/2 theelepel zout
- 1-6-1/2 oz blikje tonijn, uitgelekt en in vlokken
- 3/4 kop saladedressing in sandwichstijl

INSTRUCTIES:
a) Meng de dressing in de kom, voeg de rest toe en meng.

90.Pittige N-taart tonijnsalade

INGREDIËNTEN:
- 3 ons tonijn verpakt in water, uitgelekt
- 1 eetlepel gedroogde, gezoete veenbessen
- 1/4 rib van bleekselderij, fijngehakt
- 2 eetlepels vetvrije Miracle Whip
- 1/2 theelepel zwarte peper
- 1 theelepel bereide mosterd

INSTRUCTIES:
a) Combineer alle ingrediënten in een kom en meng tot alles goed gemengd is.
b) Serveer over pasta, in pita's, op een salade of in wraps!

91. Italiaanse tonijnsalade met laag vetgehalte

INGREDIËNTEN:
- 1 blikje lichte tonijn van 5 oz, uitgelekt
- 1 eetlepel balsamicoazijn (naar smaak aanpassen)
- 1 theelepel vers citroensap
- 1 theelepel citroenschil
- 1 eetlepel kappertjes
- Zout en peper naar smaak
- 1 kopje sla, in kleinere stukjes versnipperd
- 1/2 middelgrote tomaat, gehalveerd en in plakjes gesneden
- 1/2 middelgrote komkommer, geschild en in plakjes gesneden en opnieuw in tweeën gesneden

INSTRUCTIES:
a) Meng tonijn en de volgende vijf ingrediënten.
b) Schep de tonijnsalade over de sla, tomaat en komkommer.
c) Meng alle ingrediënten lichtjes en serveer.

92.Tonijn Spinazie Salade

INGREDIËNTEN:
- 1 blikje witte tonijn
- 1 zak verse spinazieblaadjes
- 1 blikje suikermaïs
- Witte kaas (kan vervangen worden door cheddar)
- 2 verse tomaten (of een bakje kerstomaatjes)
- Olijfolie
- Azijn
- Zout peper

INSTRUCTIES:
a) Was de spinazieblaadjes en doe ze in een grote kom.
b) Voeg de tonijn en suikermaïs toe (vloeistof verwijderd).
c) Voeg de in blokjes gesneden kaas en de in vieren gesneden tomaten toe (als je kerstomaatjes bent, snijd ze dan doormidden).
d) Voeg zout, azijn en olijfolie toe (noodzakelijkerwijs in deze volgorde).
e) Voeg eventueel peper toe.
f) Je kunt ook rozijnen en avocado toevoegen, heel mediterraan.

93.Pastasalade met tonijn en paprika

INGREDIËNTEN:

- 2 eetlepels magere yoghurt
- 2 eetlepels gehakte verse basilicum
- 2 eetlepels water
- 1 1/2 theelepel citroensap
- 1 teentje knoflook, fijngehakt
- Versgemalen peper (naar smaak)
- 2/3 kop geroosterde rode paprika's, gehakt en verdeeld
- 1/2 kop fijngehakte rode ui
- 4 oz stuk lichte tonijn in water, uitgelekt
- 4 oz broccoliroosjes, gestoomd tot ze knapperig en geschokt zijn
- 6 ons volkoren penne, gekookt en uitgelekt

INSTRUCTIES:

a) Combineer yoghurt, basilicum, water, citroensap, knoflook, zout, peper en de resterende 1/3 kop rode paprika in een blender, pureer tot een gladde massa.
b) Meng de resterende paprika, ui, tonijn, broccoli en pasta in een grote kom.
c) Voeg de pepersaus toe en roer goed om te mengen. Chill voor het serveren.

94.Tonijn-appelsalade

INGREDIËNTEN:
- 6-ounce blikje tonijn in water, goed gedraineerd
- 1 middelgrote Granny Smith-appel, zonder klokhuis, geschild en in zeer kleine stukjes gesneden
- 1/4 kopje dille-augurksaus
- 1/8 theelepel zout
- 8 ons yoghurt

INSTRUCTIES:
a) Combineer alle ingrediënten en zet het vervolgens 2 uur in de koelkast.
b) Serveer over groen.

95. Tonijn-avocado en pastasalade met 4 bonen

INGREDIËNTEN:
- 400 g tonijn uit blik, uitgelekt
- 300 g blik 4 bonenmix, uitgelekt
- 1 middelgrote tomaat, gehakt
- 1 avocado, zonder zaadjes, geschild en grof gesneden
- 100 g pasta, ongekookt
- 1 kleine rode ui, fijngesneden (optioneel)

INSTRUCTIES:

a) Kook de pasta in een pan volgens de aanwijzingen op de verpakking tot ze net gaar zijn. Giet de pasta af en zet apart.

b) Bereid ondertussen alle groenten voor, doe ze in een grote slakom, meng alle ingrediënten goed door elkaar en voeg de pasta toe. Roer door.

c) Zout en peper de salade naar wens en serveer zo snel mogelijk.

96. Tonijn Orzo Salade

INGREDIËNTEN:
- 3 kopjes kippenbouillon
- 1 kopje orzo
- 1/4 kopje rode wijnazijn
- Zout en peper naar smaak
- 2 (6 oz) blikjes tonijn verpakt in olijfolie, uitgelekt en olie gereserveerd
- 1 (15 oz) blik kikkererwten, uitgelekt
- 1 kopje druiventomaten, in tweeën gesneden
- 1 gele of rode paprika, in blokjes gesneden
- Een halve rode ui, fijngesneden
- 1/2 kopje verse basilicum, gehakt
- 1/2 kopje verkruimelde fetakaas

INSTRUCTIES:
a) Breng de kippenbouillon in een pan aan de kook en voeg de orzo toe. Kook tot het al dente is, giet het af en laat het iets afkoelen.
b) Breng de rode wijnazijn in een grote kom op smaak met zout en peper. Meng totdat het zout oplost.
c) Klop de bewaarde olie van de tonijn erdoor, voeg dan de gekookte orzo toe en roer om te mengen.
d) Voeg de kikkererwten, druiventomaatjes, paprika, rode ui en basilicum toe aan het orzomengsel.
e) Verdeel de tonijn en voeg deze samen met de verkruimelde feta toe aan de salade. Meng voorzichtig om te combineren.
f) Serveer de tonijn-orzosalade en eventueel een klein scheutje balsamicoazijn.

97.Tonijntomaat En Avocadosalade

INGREDIËNTEN:
- 2 (6-ounce) blikjes tonijn
- 1 tomaat, zonder zaadjes en in blokjes gesneden
- 2 avocado's, 1 in blokjes, 1 gepureerd
- 1 teentje knoflook
- 1 eetl witte wijnazijn
- Snufje cayennepeper
- Een scheutje zout
- Snufje zwarte peper

INSTRUCTIES:
a) Pureer één avocado met knoflook, azijn, cayennepeper, zout en zwarte peper.

b) Giet de tonijn af en meng hem met de puree, de in blokjes gesneden tomaat en de andere in blokjes gesneden avocado.

98.Tonijn Waldorfsalade met Appel

INGREDIËNTEN:
- 1 blikje witte tonijn in water
- 1/4 grote peer (of appel)
- 1/4 kop (1 oz) gehakte walnoten, rauw (geroosterd als je dat liever hebt)
- 1/4 kop rode ui, in blokjes gesneden
- 2 eetlepels magere mayonaise
- 1 eetl. citroensap
- 2 blaadjes sla voor serveren

INSTRUCTIES:
a) Laat de tonijn uitlekken.
b) Snijd de ui, peer (of appel) en walnoten.
c) Meng mayonaise en citroensap.
d) Doe alle ingrediënten in een kom en meng goed.
e) Laat de salade afkoelen voordat je hem serveert en serveer hem op een blaadje sla.

99.Tonijn En Kikkererwtensalade Met Pesto

INGREDIËNTEN:

- 2 blikjes (elk 15,5 oz) kikkererwten, grof gehakt
- 1 pot (12 oz) geroosterde rode paprika's, uitgelekt en in dunne plakjes gesneden
- 24 zwarte olijven, ontpit en grof gehakt
- 2 stengels bleekselderij, in dikke plakjes gesneden
- 3 blikjes (elk 6 oz) tonijn, uitgelekt
- 5 eetlepels pesto uit de winkel
- 1/2 theelepel koosjer zout
- 1/4 theelepel zwarte peper

INSTRUCTIES:

a) Meng in een grote kom kikkererwten, rode paprika, olijven, selderij, tonijn, pesto, zout en zwarte peper.

b) Gooi de ingrediënten samen. Dat is het!

100.Ziti tonijnsalade

INGREDIËNTEN:
- 3/4 pond ziti of andere pasta
- 1 blikje tonijn, uitgelekt en gepureerd
- Groene en zwarte olijven, naar smaak
- 1 rode paprika, gehakt
- 4 eetlepels olijfolie
- 1 eetlepel witte azijn
- 2 hardgekookte eieren, in vieren
- 1 grote tomaat, in plakjes gesneden

INSTRUCTIES:
a) Pasta koken, afgieten en afkoelen.
b) Meng tonijn, olijven en rode peper.
c) Meng de pasta erdoor en voeg olie en azijn toe.
d) Zet een schaal op met de eieren en tomaat.

CONCLUSIE

Terwijl we onze smaakvolle reis door 'De ultieme tonijnsalades' afsluiten, hopen we dat je het plezier hebt ervaren van het transformeren van een eenvoudig gerecht in een culinair meesterwerk. Elk recept op deze pagina's is een eerbetoon aan de veelzijdigheid, creativiteit en verrukkingen die kunnen worden bereikt met tonijn van hoge kwaliteit en een vleugje culinaire verbeeldingskracht.

Of je nu hebt genoten van de op de Middellandse Zee geïnspireerde creaties, je hebt overgegeven aan de smaken van het Verre Oosten, of de hartige en eiwitrijke variaties hebt omarmd, wij vertrouwen erop dat deze 100 recepten je ogen hebben geopend voor de wereld van mogelijkheden op het gebied van tonijnsalade. . Moge het concept van verfijnde tonijnsalades, afgezien van de ingrediënten en technieken, een bron van inspiratie worden, waardoor uw keuken een centrum van inventieve en heerlijke creaties wordt.

Terwijl u de gevarieerde wereld van tonijnsalade blijft verkennen, mag "DE ULTIEME TONIJN SALADES" uw vertrouwde metgezel zijn, die u begeleidt door een verscheidenheid aan uitzonderlijke opties die spanning en smaak aan uw tafel brengen. Hier gaan we de kunst van tonijnsalade opnieuw definiëren en genieten van 100 uitzonderlijke creaties die uw smaak en culinaire ervaringen naar een hoger niveau tillen!

www.ingramcontent.com/pod-product-compliance
Lightning Source LLC
Chambersburg PA
CBHW071829110526
44591CB00011B/1270